LA PLANÈTE disneylandisée

Pour un tourisme responsable

Retrouvez nos ouvrages sur
www.scienceshumaines.com
www.editions.scienceshumaines.com

Diffusion : Seuil
Distribution : Volumen

38, rue Rantheaume
BP 256, 89004 Auxerre Cedex
Tel. : 03 86 72 07 00/Fax : 03 86 52 53 26
ISBN = 978-2-36106-030-5

Sylvie Brunel

LA PLANÈTE disneylandisée

Pour un tourisme responsable

Éditions Sciences Humaines

DU MÊME AUTEUR

Romans et récits

- Géographie amoureuse du monde, Lattès, 2011.
- Le voyage à Timimoun, Lattès, 2010.
- Manuel de guérilla à l'usage des femmes, Grasset, 2009.
- Cavalcades et dérobades, Lattès, 2008, prix Pégase.
- La Déliaison (avec Ariane Fornia), Denoël, 2005.
- Frontières, Denoël, 2003.

Essais et manuels

- Le développement durable, Puf, « Que sais-je ? », cinquième édition, 2012.
- Le ciel ne va pas nous tomber sur la tête (maître d'œuvre avec J. R. Pitte), Lattès, 2010.
- Nourrir le monde, vaincre la faim, Larousse, 2009.
- À qui profite le développement durable ? Larousse, 2008, Prix de l'Académie des sciences morales et politiques.
- L'Afrique dans la mondialisation, *La Documentation photographique*, n° 8048, La Documentation française, décembre 2005.
- L'Afrique, Bréal, 2004.
- Famines et politique, Presses de Sciences Po, coll. « La Bibliothèque du citoyen », 2002, prix Sciences Po du meilleur livre.
- La Faim dans le monde, comprendre pour agir, Puf, 1999. Prix Conrad Malte Brun (Société de géographie).
- Géopolitique de la faim (maître d'œuvre), rapport annuel d'Action contre la faim 2001, 2000, 1999, Puf.
- Ceux qui vont mourir de faim, Seuil, coll. « L'Histoire immédiate » (1997), traduit en portugais aux Éditions Campos das Lettras (1997), en espagnol aux Éditions Mensajero (1998).
- La Coopération Nord-Sud, Puf, « Que sais-je ? », 1997.
- Le monde peut-il nourrir le monde ?, *Croissance, les clés de la planète*, n° 1, 1996.
- Le Sous-Développement, Puf, « Que sais-je ? », 1996.
- Les Problèmes alimentaires dans le monde (maître d'œuvre avec Yves Léonard), *Cahiers français*, n° 278, La Documentation française, 1996.
- Le Sud dans la nouvelle économie mondiale, Puf, coll. « Major », 1995.
- Le Gaspillage de l'aide publique, Seuil, coll. « L'Histoire immédiate », 1993.
- Les Tiers Mondes, *La Documentation photographique*, n° 7014, La Documentation française, décembre 1992.
- Une tragédie banalisée : la faim dans le monde (avec le concours de l'AICF), Hachette, coll. « Pluriel-Intervention », 1991.
- Sahel, Nordeste, Amazonie : politiques d'aménagement en milieux fragiles (maître d'œuvre avec Nelson Cabral), Unesco-L'Harmattan, 1991.
- Tiers Mondes, controverses et réalités (maître d'œuvre), Economica Liberté sans frontières, 1987.
- Le Nordeste brésilien, les véritables enjeux, LSF, 1986.
- Asie, Afrique : greniers vides, greniers pleins (maître d'œuvre), Economica, coll. « Économie agricole »,1986.
- La vache du riche mange le grain... du riche, LSF, 1985.

À Alexandra, Guillaume, Marianne

Avertissement

Le présent ouvrage est la nouvelle édition de *La Planète disneylandisée, chroniques d'un tour du monde*, publié en 2006. Le texte principal n'a pas été modifié, mais le lecteur trouvera en fin de livre une importante *postface* inédite, qui remplace le chapitre 12 de la précédente édition, ainsi qu'un appareil bibliographique.

Sommaire

Avant-propos

Touristes... et fiers de l'être

Le touriste, c'est toujours l'Autre. Chacun d'entre nous se veut « voyageur », « découvreur », « promeneur », « arpenteur »... mais jamais touriste. Être qualifié de touriste est une injure.

Nous avons pourtant la légitimité du nombre. Car nous sommes plus de huit cents millions. Huit cents millions de touristes à nous déplacer chaque année, par plaisir, hors de notre cadre familier. Nous, Français, sommes à la fois les grands bénéficiaires de ces exodes temporaires – la France est la première destination touristique au monde – et l'un des peuples les plus voyageurs.

Alors... soyons fiers d'être touristes. Fiers car le tourisme dessine une mondialisation pacifique, permet à bien des sociétés d'éviter l'exode, favorise la transmission des cultures, sauve des traditions menacées de disparition.

Pour avoir beaucoup pratiqué tant l'humanitaire que le tourisme, je suis frappée par la noblesse prêtée à la première et l'opprobre jeté sur la seconde. Pourtant, le tourisme déverse infiniment plus de revenus que les ONG. Les pays d'Asie frappés par le tsunami, l'Égypte ou l'Indonésie endeuillées par le terrorisme, l'île de la Réunion affectée par le « chik », la maladie du moustique, ont tout fait pour que les touristes reviennent.

Mais soyons lucides aussi : le tourisme est une machine à niveler, qui façonne la planète. En allemand, tourisme se dit *Fremdenverkehr*, ce qui signifie « trafic des étrangers ». On ne saurait être plus clair. Le tourisme sanctuarise la nature et disneylandise la culture, reconstituant partout, pour notre plus grand plaisir, de « petits mondes parfaits ». Il transforme une partie de la planète en un immense parc d'attractions. Faut-il le déplorer ? Pas si sûr...

Ce livre retrace un tour du monde. Avec enfants, bagages, agences de voyages et tracasseries que nous connaissons tous un jour ou l'autre, dans les aéroports en proie à la folie sécuritaire, les îles pas du tout désertes et les métropoles embouteillées. On y verra des geysers jaillir à heures fixes, des mondes « sauvages » entièrement recréés, des peuples « authentiques » cacher leurs téléphones portables pour jouer la comédie du parfait sauvage. Exotisme partout garanti.

Bienvenue dans la planète disneylandisée.

1

Le geyser de 10 h 15

« Comment ça va sur la terre ?
Ça va, ça va, ça va bien.
Les petits chiens sont-ils prospères ?
Mon Dieu oui, merci bien.
Et les nuages ? ça flotte
Et les volcans ? ça mijote...
Et les fleuves, ça s'écoule
Et le temps, ça se déroule
Et votre âme ?
Elle est malade
Le printemps était trop vert
Elle a mangé trop de salade. »

Jean Tardieu, Monsieur, Monsieur
(Gallimard, 1987).

« Tu es sûre qu'il va vraiment jaillir à dix heures et quart ?
- C'est ce que dit la brochure.
- Quand même, un geyser qui se réveille pile toutes les vingt-quatre heures, c'est bizarre, non ? »

Nous sommes cinq en voiture, roulant dans une brume épaisse et un froid glacial, à la rencontre de Lady Knox, qui sort de ses gonds tous les matins à 10 h 15 précises. Comme les ouragans, notre geyser porte un prénom féminin. Ce qui d'ailleurs, si l'on considère les lieux communs en vigueur sur une grande partie de la planète, semble tout à fait contradictoire avec sa parfaite ponctualité.

On nous a recommandé d'être à l'heure pour ne pas rater ce moment exceptionnel : la dame s'élève à plus de vingt mètres de hauteur. Cette régularité intrigue toute la famille : deux parents et trois enfants. Ou plutôt deux ados, Ariane, quinze ans (spécimen femelle, tendance gothique), et Romain, douze ans (spécimen mâle, tendance stade de foot). Une petite fille de neuf ans, Elsa, encore normale – mais l'expérience a montré qu'il restait peu de temps. Plus mon mari et moi, qui avons décidé d'emmener notre progéniture pour un tour du monde de quarante jours. La spécialiste de l'humanitaire (moi) a choisi pour une fois de jouer les touristes. L'homme politique surbooké (mon mari) a accepté de suivre, à condition qu'il ne s'occupe en aucun cas de l'organisation du voyage et qu'il puisse dans chaque pays donner libre cours à sa marotte : étudier les conditions de la création d'entreprises.

Et nous voici tous les cinq en voiture, gelés et encore mal réveillés, scrutant la purée de pois qui nous environne. Nous sommes en Nouvelle-Zélande, au bout du bout du monde. 18 500 kilomètres entre Paris et Auckland. 18 800 là où nous nous trouvons, près de Rotorua, le cœur de l'île du Nord. Que l'on n'appelle pas sans raison « l'île Fumante ». Ce matin de juillet, c'est surtout notre haleine qui fume tant il fait froid alors que nous roulons à la rencontre de ce geyser, particulièrement civilisé puisqu'il ne supporte pas de faire attendre ses invités.

Personnellement, j'ai tendance à défendre la thèse du cycle parfait : pourquoi un geyser ne jaillirait pas tous les jours à heures fixes, après tout ? Les autres sont plus sceptiques. Surtout l'homme adulte et responsable qui a accepté pour une fois de s'arracher à ses dossiers pour découvrir de plus près cette incroyable merveille de la nature. Sa rationalité cartésienne le pousse à multiplier les objections :

« Enfin, chérie, réfléchis *(formule préférée des maris)*, comment une chose pareille peut-elle être possible ? Le geyser aurait un programmateur intégré ? »

Je m'obstine :

« Non, bien sûr. On a dû observer qu'il, pardon, elle, se réveillait selon un cycle très précis d'une journée. »

Derrière moi, les deux ados affichent une moue dubitative. On ne la leur fait pas, à eux. Heureusement, il reste la petite, qui écoute ma thèse avec une bienveillance tout acquise. Comme sa mère, elle a encore envie de croire au merveilleux. Et surtout, elle n'est pas encore entrée dans la phase où il est essentiel de contredire ses parents.

« Ce n'est pas possible, il doit y avoir une machinerie cachée sous l'appareil, conclut mon mari.

- Ce n'est pas un appareil, c'est un geyser. »

Leur incrédulité m'agace. Emmitouflés dans des anoraks, scrutant la route pour ne pas rater l'embranchement qui nous mènera au lieu-dit du miracle, car la densité du brouillard réduit la visibilité à quelques mètres, nous surveillons notre montre avec inquiétude. L'énigmatique Lady Knox ne nous attendra pas. Encore faut-il trouver le bon chemin. Depuis une semaine, nous avons compris que les Néo-Zélandais sont des personnes extrêmement sobres (sur ce plan-là au moins), qui n'aiment pas multiplier les panneaux indicateurs : si vous loupez l'unique exemplaire, celui qui vous annonce la bifurcation, tant pis pour vous. Ils n'ont pas encore appris qu'il fallait mâcher le travail aux touristes. Ou bien, ils n'ont pas encore beaucoup de touristes. Ce qui se comprendrait lorsqu'on considère la position du pays sur une carte de géographie. Les Australiens ont baptisé leur continent *Down Under* (loin et en dessous) ; que devraient dire les Néo-Zélandais ? *Down down and really really under* ?

« Wai-O-Tapu, c'est là ! » hurle soudain l'ado masculin du groupe, dont la fréquentation assidue des jeux vidéo a aiguisé les réflexes.

Effectivement, juste à côté de la voiture, presque dernière nous déjà, une petite route anodine. Nous n'avons que le temps de braquer en catastrophe, oubliant même dans notre précipitation que dans ce pays très british, on roule à gauche, comme en Australie. Heureusement, personne en face. L'urgence a fait ressurgir les vieux réflexes : trois semaines *under* de vigilance constante ne nous ont pas encore fait renier une vie entière de conduite à droite. Quant à la pancarte noyée de brume, elle ne m'avait pas particulièrement attiré l'œil, moi qui joue pourtant les guides dans notre expédition antipodienne. J'ai des excuses : elle se trouve de l'autre côté de la route et n'est pas vraiment explicite pour le profane. Voilà pourquoi je serine le nom de notre destination à toute la famille depuis le début du trajet. Les enfants ont mémorisé sans difficulté : le film *Le Seigneur des anneaux*, véritable encyclopédie à lui tout seul, a été en partie tourné dans cette région, considérée comme le berceau historique du pays. La plupart des noms néo-zélandais sont à consonance maorie, ce qui signifie que pour une oreille *pakeha* (non maorie), ils se ressemblent tous, avec une prolifération de *w* et de *k*. Hier, nous avons parcouru la vallée géothermale de Whakarewarewa le matin, le parc volcanique de Waimangu l'après-midi. À en juger par sa réputation, Wai-O-Tapu surpasserait encore ses voisines par l'ampleur et la diversité de ses manifestations éruptives.

L'île du Nord est donc baptisée l'île Fumante et Rotorua, que nous venons de quitter ce matin pour partir vers le sud, en constitue l'épicentre. Baignée dans la vapeur soufrée, elle fume, bouillonne, mijote, jaillit ou clapote en permanence. Même son golf dégage d'inquiétantes fumerolles : le parcours serpente entre les résurgences d'eau bouillante. Il s'agit de ne pas perdre sa balle. Ou d'en faire le deuil : la récupérer risque d'être fatal aux audacieux. Et aux pingres.

Le brouillard s'est encore épaissi. L'hiver austral n'a rien de clément. Roulons-nous vers les enfers ? J'imagine la voiture basculant d'un coup dans les abîmes.

Soudain, une toute petite flèche. Elle signale la présence de *mud pools* (piscines de boue). Le geyser ? Dans le doute, nous suivons la bifurcation jusqu'à un cul-de-sac, vague no man's land de grisaille. Hésitation. Mais une autre voiture est déjà là, silhouette rassurante. Nous nous garons donc juste à côté, comme le font tous les automobilistes de la planète, même dans les endroits les plus déserts. Émergeons à regret (les ados) du rassurant cocon d'acier, ombres emmitouflées noyées dans la brume.

Une barrière en bois tout à fait symbolique, le genre de barrière posée pour préserver un passage privé, nous empêche de poursuivre notre chemin. En bons Français, nous nous apprêtons à la contourner, quand un gargouillement nous arrête. L'étang gris et boueux qui s'étend devant nous est bien moins inoffensif qu'il ne le paraît à première vue. Il vit, se meut, gronde et rote. Sa surface boueuse est secouée de gros bouillonnements qui dessinent une infinité de cercles parfaits dans l'argile épaisse. Parfois, une petite cheminée se dresse, crachant un jet discontinu de matières solides qui finissent par édifier leur propre promontoire, avant de s'effondrer. Sous nos yeux, la matière évolue et se transforme. Le brouillard est devenu fumée. Ici affleure le ventre de la terre. Je frissonne en pensant que des enfants imprudents pourraient en quelques secondes être engloutis dans ce Styx sans laisser aucune trace.

Mais la piscine luciférienne ne réchauffe guère l'atmosphère. Pas de geyser en vue. Nous rebroussons chemin. Le coffre de la petite voiture qui était déjà garée quand nous sommes arrivés est grand ouvert, vomissant un empilement d'articles de camping et de sacs de couchage, désordre familier à tous ceux qui tentent de se passer des solutions d'hébergement classiques. Notre arrivée a tiré du sommeil un jeune couple encore à demi assoupi, comme hébété par le froid. Bonnets enfoncés jusqu'aux oreilles, doigts gourds, il tente de se fricoter une petite omelette. Vont-ils poser leur poêle sur le Styx ? Nous les saluons avec compassion, nous qui avons merveilleusement dormi dans un hôtel tout à fait confortable, bien que parfumé à l'œuf pourri.

Pas de Madame Knox en vue. Nous repartons très vite : l'heure tourne. La route conduit à notre troisième parc volcanique. Boutiques de souvenirs, cartes postales et café chaud, la civilisation touristique déploie ses charmes tentateurs. Pour accéder au geyser, il faut faire la queue à la caisse, acheter un ticket. C'est à ce moment-là seulement que la vendeuse consent à nous dévoiler que Lady Knox ne se trouve pas du tout là où nous acquittons notre droit d'entrée.

« Faut-il reprendre la voiture ? »

La stupéfaction se lit sur le visage de mon interlocutrice. J'imagine qu'elle ne m'a pas comprise et repose ma question, dans mon anglais tellement pitoyable qu'il déclenche immédiatement la commisération de mes interlocuteurs. Mais non, pour une fois, le message est passé. « C'est préférable », précise la femme, avant d'ajouter que nous devrions nous hâter.

Demi-tour. En reprenant la route dans l'autre sens, nous remarquons alors une toute petite pancarte indiquant « geyser ». Elle a été posée de façon à rester totalement invisible pour ceux qui arrivent. Le chemin est bordé de fougères arborescentes, véritable carte d'identité végétale de la Nouvelle-Zélande. Trois, quatre, cinq kilomètres... Je comprends mieux la réaction de la caissière. Il valait mieux prendre la voiture en effet. À l'arrière, les enfants piaffent. Pour un peu, ils regretteraient presque le temps « perdu » aux *mud pools.*

Soudain, un *check point.* Ou ce qui y ressemble en tout cas : garée au milieu de la route, une camionnette fait barrage. D'un seul coup, c'est l'Afrique. Un homme en uniforme s'approche, se penche à la vitre. Dès qu'il comprend que nous sommes étrangers – il ne lui faut pas longtemps, à lui non plus –, son visage prend un air consterné. Qui se mue miraculeusement en un sourire extatique lorsque je lui tends le ticket acheté à la caisse. Son soulagement fait vraiment plaisir à voir. Il semble tellement heureux que nous soyons bien en règle que je m'interroge sur les épreuves que ce pauvre homme doit affronter tous les matins. Nous sommes invités à nous garer sur un immense parking. Cette fois, la compagnie ne manque pas : une vingtaine de voitures et de camping-cars sont déjà sagement rangés en file sur l'esplanade. Leurs occupants se pressent silencieusement vers un endroit mystérieux, comme si tous connaissaient déjà leur destination. Nous leur emboîtons le pas.

Une arche en bois, un mât totémique, sculpté selon la méthode maorie, quelques fourrés, encore quelques dizaines de mètres. Surprise : un petit amphithéâtre a été déployé dans la nature. Des bancs de bois sont disposés en arc de cercle autour d'un cône blanc d'environ un mètre de hauteur, qui dégage une discrète et gentille toute petite fumée. Sans la mise en scène, nous aurions peine à croire qu'enfin, nous avons trouvé Lady Knox. Les ados ricanent. C'est vrai que la dame n'a pas l'air bien impressionnante. La traditionnelle petite barrière en bois qui la protège semble juste avoir été posée là pour empêcher un distrait de s'asseoir par mégarde sur ce siège un peu particulier.

Je consulte ma montre : 10 h 12. Autour de nous, on parle italien, anglais, allemand. Beaucoup de Japonais aussi, comme en Australie. Forcément, le Pacifique Sud est presque la grande banlieue pour eux.

10 h 14. Tout le monde arme appareils photo et caméscopes. Nous sommes fin prêts, les yeux rivés sur Lady Knox à s'en brûler la rétine. Il va forcément se passer quelque chose. Plus que quinze secondes avant le quart, quatorze, treize, douze... Le compte à rebours a commencé. Le silence

règne. La tension monte. Instinctivement, je serre contre moi la petite, en me demandant si le jet brûlant ne risque pas de tous nous blesser.

10 h 15.

« *Hello, ladies and gentlemen ! Welcome to meet Lady Knox !* »

La voix sonore a fait sursauter toute l'assistance concentrée dans l'attente. Un micro sans fil autour de la tête, le vérificateur de ticket vient de jaillir devant nous. Les ados explosent de rire. Le mari jubile. Je suis consternée : nous voici dans un mauvais remake de Vulcania, notre parc auvergnat qui fait exploser les volcans sur commande. Sauf que nous venons de parcourir 18 500 kilomètres. Existe-t-il des parcs à thème en plein air dans la nature néo-zélandaise ?

Le présentateur se lance dans une interminable logorrhée, dont il ressort que dame Nature a parfois besoin d'être aidée. Aux temps pas si anciens de la découverte du pays par les Européens, explique-t-il, des prospecteurs exténués voulurent laver leurs vêtements crasseux dans une mare. Ils eurent soudain la surprise de les voir projetés en l'air, s'éparpillant tout autour d'eux à des dizaines de mètres.

Tout en discourant, l'homme sort de sa poche un petit paquet de poudre blanche et, sous les yeux éberlués de l'assistance, le verse l'air de rien dans l'embouchure du cône. Ce petit coin de sulfure lui paraît l'endroit idéal pour nous parler de Le Chat-Machine.

Visiblement, Lady Knox n'apprécie pas l'opération. Elle se met à fumer intensément, émet des gargouillements de plus en plus prononcés, s'étrangle, s'énerve, commence à baver comme une enragée. Prudemment, l'homme prend un peu de distance. Il a réussi son coup : le geyser est furax. Je comprends mieux maintenant pourquoi les machos néo-zélandais lui ont donné un prénom féminin.

Et soudain, c'est le jaillissement. Avec une puissance formidable, Lady Knox expulse son eau très haut dans le ciel. Un jet dense, continu, immense. Des exclamations de ravissement jaillissent en même temps de toutes les poitrines, dans une langue cette fois universelle. Les appareils photo mitraillent à l'unisson, illuminant le panache d'éclairs métalliques. Que l'on baptise les geysers, leur conférant ainsi une identité spécifique, n'a rien d'étonnant. C'est de l'islandais *geysir* (celui qui jaillit) que ces sources bouillonnantes tirent leur nom. Chacune de celles que nous avons vues, en Islande, en Nouvelle-Zélande, aux États-Unis, avait sa propre personnalité. Certains geysers gonflent en une énorme bulle iridescente avant d'exploser ; d'autres émettent à intervalles réguliers de petits jets sans envergure ; d'autres encore ne se réveillent que sporadiquement, totalement imprévisibles. Lady Knox est d'une grande élégance. Sa colonne liquide unit le ciel et la terre comme une arche, puis l'eau retombe gracieusement de côté, vaporisant une nuée de gouttelettes sans même éclabousser l'assistance. Son jaillissement dure, dure, comme s'il avait été trop longtemps comprimé, comme si l'intervention de l'homme avait enfin libéré des forces obscures.

Trop de merveilleux à jet continu finit par lasser. Dix minutes plus tard, les spectateurs ont tous levé le camp. Tandis que nous nous éloignons, le geyser solitaire continue à s'époumoner devant les bancs désertés. À la queue leu leu, les voitures quittent le parking. Les photos souvenirs sont bien au chaud dans leurs boîtes, l'instant a été immortalisé. Au cœur de son amphithéâtre désert, l'artiste laisse petit à petit retomber sa hargne. Lady Knox doit recharger ses batteries avant le spectacle de demain. 10 h 15 pétantes, bien sûr, c'est indiqué sur la brochure de promotion. Il suffira juste d'une petite dose de poudre blanche.

Beaucoup de geysers ont disparu dans le monde à force d'avoir été ainsi « aidés », comme l'a joliment formulé notre bateleur poinçonneur. Désormais, en Islande, en Nouvelle-Zélande, comme dans tous les pays où l'exploitation touristique de l'activité volcanique procure des revenus conséquents aux autochtones, plus question que des visiteurs ne se permettent de traficoter sans contrôle les geysers. Au début du siècle dernier, les accidents liés à l'usage de la lessive étaient fréquents : près de Rotorua, cinq personnes furent tuées en 1935 par la violence du jaillissement d'un geyser qu'ils venaient de solliciter. Dans la ville, jusqu'à une période récente, l'activité géothermique était exploitée massivement par un grand nombre d'hôtels et de sociétés, qui possédaient tous leurs propres piscines d'eau chaude et leurs gisements d'argile. On constata alors qu'elle commençait à s'épuiser. Pour ne pas tarir le filon, les autorités municipales décidèrent d'en réglementer la pratique, la limitant à quelques parcs thermaux agréés. Elles confièrent aussi la gestion de certains sites aux Maoris, qui en revendiquaient la propriété ancestrale (beaucoup des sites volcaniques ou thermaux sont sacrés). Privés de leur atout thermal, les hôtels de la ville font perdurer l'illusion en offrant à leurs clients des chambres dotées d'immenses jacuzzis. Tandis qu'il mijote dans sa piscine bouillonnante personnelle, le visiteur peut presque se croire dans une source d'eau chaude : il en a la sensation, le bruit, l'odeur (comme en Islande, le soufre imprègne la ville), mais pas les vertus thérapeutiques, hélas.

La géothermie et l'activité thermale attirent toujours les touristes du monde entier. Rotorua, cœur du pays maori, en profite pour leur injecter quelques rudiments culturels. Visiter un « vrai » village maori est devenu une étape obligée des circuits des tour-opérateurs, qui parviennent ainsi à mixer habilement geysers, thermalisme et culture, donc l'artisanat. L'archétype de cette synthèse commercialement redoutable est Te Puia, un parc situé aux portes de la ville, près du golf satanique. Te Puia a la chance de contrôler l'accès à un geyser dénommé Pohutu, qui surpasse Lady

Knox par la hauteur de son jet. Son eau chaude est si chargée en silice qu'elle habille tout le paysage environnant de concrétions fantasmagoriques qui confèrent au lieu un aspect irréel. Malheureusement, Pohutu est capricieux : il refuse de jaillir sur commande. Les visiteurs se consolent en déambulant dans un village maori reconstitué, tout en guettant la diva du coin de l'œil. Ils peuvent aussi acheter des bijoux « authentiques », fabriqués sous leurs yeux par de « vrais » artisans maoris. Les imprésarios de Pohutu, qui déclarent perfidement dans leur dépliant publicitaire que Pohutu est le plus grand geyser *naturel* de Nouvelle-Zélande (ils ont dû tester sans succès la lessive), évitent les défections du public en lui offrant gratuitement, chaque jour à 12 h 30, des danses et des chants maoris « traditionnels ».

Évidemment, en parfaits touristes, nous n'avons pas voulu rater ce moment essentiel, bien que les danses pseudo-authentiques des peuples « premiers », servies dans les hôtels internationaux du monde entier, nous fassent généralement fuir. Ici le spectacle semble à la fois conçu et présenté par les Maoris eux-mêmes, dans un centre qui revendique son identité maorie. Allons-nous assister à l'un de ces produits aseptisés, formatés pour l'industrie internationale du tourisme ? Tant pis, jouons le jeu : nous sommes là pour ça. Comme la petite foule déjà en train de piétiner en plaisantant devant le porche désormais fermé de la case de réception maorie. Il est bien connu qu'il faut faire languir le touriste pour qu'il puisse savourer ensuite l'attraction proposée.

Voici qu'un redoutable guerrier surgit. Il est presque nu, hormis une jupette en osier, mais terriblement tatoué. Il menace l'assistance d'un long bâton, avec lequel il fouette l'air (sans toutefois atteindre les spectateurs). Bien sûr, tout le monde a reconnu un guerrier maori. Le tatouage du visage et du corps fait partie intégrante de l'identité maorie. Mais ce marqueur rend difficile l'insertion dans la société moderne : se faire délivrer ses chéquiers par un employé dont le visage est noir de tatouages de guerre est assez inconfortable. Aussi, beaucoup de Maoris les remplacent par des peintures corporelles, qui présentent l'intérêt d'être temporaires. Et moins douloureuses : le guerrier maori devait endurer sans se plaindre la gravure de son visage et de son corps, souvent effectuée avec de petits burins qui laissaient longtemps la peau à vif avant de cicatriser. Beaucoup arborent désormais volontairement ces signes de leur ancienne puissance. Dans son roman *L'Âme des guerriers*, publié en 1990, Alan Duff relate comment une certaine jeunesse maorie, se sentant déclassée socialement, intègre des bandes urbaines où elle renoue avec le tatouage rituel du visage.

À Te Puia, le guerrier veut juste que l'assistance se déchausse. Scrupuleux plus qu'intimidés, car l'atmosphère reste bon enfant – une nécessité si l'on considère le prix d'entrée du parc –, tous les visiteurs obtempèrent, empilant leurs tennis boueuses à l'entrée d'une salle dont ils piétinaient allégrement le sol quelques minutes auparavant.

Les danses maories ressemblent beaucoup à celles qui sont proposées aux touristes à Tahiti, y compris par l'obésité galopante qui affecte certains de leurs protagonistes. Elles rappellent à quel point la civilisation polynésienne a essaimé au fil des siècles depuis son berceau originel, jusqu'à l'île de Pâques et Hawaï. Une performance remarquable lorsqu'on pense que les Polynésiens franchirent des milliers de kilomètres sur des pirogues à balancier. Mais les Maoris néo-zélandais se distinguent de leurs confrères folklorisés des îles à touristes du Pacifique par un rituel qui leur est propre : le *haka*. Le haka suffit à lui seul à identifier les Néo-Zélandais aux yeux du monde, qui, de toute manière, n'a de ce pays lointain qu'une image extrêmement vague.

Demandez au quidam moyen ce qu'évoque pour lui la Nouvelle-Zélande. Les plus bucoliques répondront des moutons dans de la verdure. Les pragmatiques vous citeront immédiatement le kiwi. Et ils auront raison, car le mot kiwi est ici mis à toutes les sauces. D'abord, le citoyen néo-zélandais se qualifie lui-même de « kiwi ». Ensuite, bien qu'originaire de Chine (dont il fut importé au début du XXe siècle), le kiwi fruit, dont la peau brune et duveteuse dissimule une chair verte, acidulée, très riche en vitamine C, est devenu le premier des fruits néo-zélandais, un produit d'exportation de premier plan, même s'il est désormais cultivé dans une grande partie du monde.

Et puis surtout, le kiwi est un oiseau.

Le troisième point est le plus important. Le kiwi, tous les enfants le savent, est un volatile noir au long bec, timide – il sort essentiellement la nuit - et surtout vulnérable car incapable de voler. Après avoir failli disparaître, comme le moa, cette autruche géante dont les premiers occupants de l'île, les Polynésiens, exterminèrent l'espèce (de la même façon qu'a disparu le dodo de l'île Maurice), le kiwi a été sauvé de l'extinction par une politique vigoureuse d'élevage en captivité. Il est devenu le symbole du pays, plus encore que le kangourou pour l'Australie ou le coq pour la France. On le retrouve partout, et notamment au verso des pièces de monnaie néo-zélandaises (la Nouvelle-Zélande appartenant au Commonwealth, le recto porte respectueusement l'effigie de la reine Élisabeth). Comme l'indiquent les panneaux jaunes de la signalisation routière qui invitent les automobilistes à prendre garde aux traversées de kiwis, le volatile subsiste toujours à l'état sauvage dans les zones protégées du pays. Même s'il est peu probable que le kiwi se comporte de façon aussi irresponsable que le kangourou australien, toujours prêt à se faire écraser. C'est la livrée noire du kiwi qui a inspiré la tenue des All Blacks, l'équipe de rugby néo-zélandaise, que les sportifs du monde entier connaissent bien. Et la culture maorie leur a donné le haka.

Quiconque a regardé une fois dans sa vie un match de

rugby sait que les terribles All Blacks terrorisent les stades en exécutant, avant le coup d'envoi, une pantomime agressive, composée de gestes de combat, de cris gutturaux et de mimiques féroces. C'est le haka. Ce rituel d'intimidation maori a été repris par tous les joueurs de l'équipe néo-zélandaise, qu'ils soient de souche européenne (pakeha comme on dit ici) ou maorie. Le haka semble fonctionner puisque les Kiwis néo-zélandais sont rarement défaits à l'étranger : psychologiquement affaiblis par cette démonstration de force, leurs adversaires comprennent d'entrée qu'ils n'ont qu'à bien se tenir. Avec quatre millions d'habitants seulement, la Nouvelle-Zélande parvient ainsi à terrasser les plus grandes équipes de rugby du monde grâce à la force d'une danse guerrière (et aussi, précisons-le par souci d'honnêteté, un jeu particulièrement efficace).

Inutile de préciser que les membres masculins de la famille attendaient avidement l'exécution du haka par les danseurs de Te Puia. Ils furent servis. Te Puia leur apporta en effet une information capitale : la posture principale du haka a été soigneusement expurgée de sa version internationale. Elle consiste à se tenir face à son adversaire, à demi accroupi, les deux mains posées sur les genoux écartés, faisant rouler des yeux exorbités, avec un air très, très méchant, pour lui tirer vigoureusement la langue. Tout comme la plupart des animaux, lorsqu'ils sont menacés, hérissent leur pelage pour paraître plus impressionnants, la parade agressive du haka est destinée à dissuader l'adversaire d'engager le combat. L'histoire officielle nous apprend en effet que les Maoris étaient composés d'une myriade de tribus tout aussi belliqueuses les unes que les autres. Elles passaient leur temps à se faire la guerre jusqu'à ce que l'invasion européenne y mette bon ordre. Comme l'histoire officielle a été produite par les pakehas britanniques, soucieux de justifier leur annexion de la Nouvelle-Zélande à partir du milieu du XIXe siècle, on se permettra de rester sceptique : ce coup-là, on nous l'a déjà fait pour expliquer la colonisation de l'Afrique et l'extermination des Indiens d'Amérique. Il est toujours plus légitime et moins grave de s'imposer à des peuples en guerre qu'à des civilisations pacifiques, n'est-ce pas ?

Il semble pourtant que les Maoris eux-mêmes la reprennent à leur compte, revendiquant fièrement leur passé de guerriers. « Parfois, le seul fait de tirer férocement la langue permettait de voir le clan adverse tourner les talons et d'être tranquille pour la journée », nous précisa la belle danseuse maorie qui présentait le spectacle, précision qui nous laissa dubitatifs quant à l'étendue des dégâts (ah bon, ils remettaient donc ça dès le lendemain ?). Toujours est-il que la petite Elsa fut légèrement surprise de voir des adultes se livrer, en public et avec une jubilation manifeste, à une activité qui lui avait toujours été formellement interdite. Les hommes maoris savent tirer la langue avec conviction.

Les cartes postales qui les représentent reprennent presque systématiquement cette posture du haka. Pourtant, dans les stades, lorsqu'ils gesticulent férocement en ouverture des grands matchs internationaux, les All Blacks se gardent bien de tirer la langue. Ils craignent sans doute que leurs adversaires, passant de l'inquiétude à l'hilarité, n'éclatent soudain de rire.

Après Lady Knox et Pohutu, nous avons continué d'administrer aux enfants toutes les formes de l'activité éruptive locale. « Palette du diable », « caverne de Satan », « dents de l'enfer », « cratère infernal »... Pour capter les visiteurs au détriment de ses concurrents, chaque parc rivalise d'imagination dans le baptême de ses attractions naturelles. Le vocabulaire reste toutefois toujours très largement inspiré par Vulcain et Lucifer. Émerveillée au départ, notre progéniture demande grâce trois jours plus tard. Que la terre fume, crache, jaunisse, verdisse, rougisse ou noircisse, que d'immenses lacs émeraude en ébullition bouillonnent en engendrant de minicyclones n'impressionnent plus du tout les enfants. Ils sont pour ainsi dire ignifugés. Bien que les deux adultes de la famille ne se lassent pas de la sensation d'avoir sombré dans les entrailles de la terre, le constat s'impose : il faut d'urgence lever le camp sous peine de révolte infantile.

Voilà qui tombe à pic. Car l'agence de voyages nous a réservé des chambres dans un site qu'elle qualifie d'exceptionnel, le mont Ruapehu, point culminant du pays avec ses presque 2 800 mètres. Le Ruapehu est un volcan actif. Pas plus que l'on ne visite le Kenya ou la Tanzanie sans admirer le Kilimandjaro, le Japon sans le Fuji-Yama, nous ne pouvons quitter la Nouvelle-Zélande sans connaître le Ruapehu. Sa dernière éruption date de 1995. Elle a barré quelques routes et détruit pas mal de maisons. La précédente eut lieu en 1975. Lors de celle de 1945, le lac de cratère se vida brutalement et la coulée de boue emporta le pont de la voie ferrée reliant Auckland à Wellington. Quelques minutes plus tard, les cinq wagons de l'express basculèrent dans le vide, provoquant la mort de leurs cent cinquante-trois passagers. Comme Lady Knox, et malgré l'absence probable de lessive, Ruapehu semble aimer les dates fixes. Je frémis en pensant que nous sommes en 2005. Quelle nouvelle facétie nous a donc préparée le sympathique volcan ?

Certes, il n'est pas question de tenter l'escalade, balade apparemment fort prisée des autochtones. Nous sommes en plein hiver, ne l'oublions pas. Ayant quitté la France en pleine canicule, il nous paraissait tout à fait incongru d'emporter des anoraks. Nous nous y sommes finalement résolus, pestant contre le volume monstrueux qu'ils occupaient dans les bagages. Mais les bottes fourrées et les moufles sont restées au placard : l'idée de trimballer ensuite un tel attirail en Polynésie nous hérissait. Les services de sécurité qui défendent jalousement l'entrée des États-Unis n'hésitent pas à dégonfler les ballons et à vider les tubes de lessive. Je n'ose pas imaginer le sort qu'ils réserveraient, en plein mois d'août, à de grosses bottes d'hiver, cux qui ont été échaudés par des tennis piégées.

Pourtant, nous aurions dû les prendre, ces bottes : au fur et à mesure que nous montons vers le Ruapehu, le froid s'aiguise. Superposition progressive des rares vêtements chauds disponibles. Nous ressemblons à cinq oignons dans une boîte de conserve. Les enfants en ont assez de rouler. Si le Ruapehu ne tient pas ses promesses, l'émeute explosera dans la voiture. Sommes-nous seulement sur la bonne route ? Nous n'en finissons pas de rouler. Et notre destination me laisse songeuse : sur la carte routière que je tiens, comme toujours, dépliée sur les genoux, aucune ville ne figure. Allons-nous dormir dans le lac de cratère ? Je crains que nous ne nous soyons trompés d'itinéraire. Ici la nuit tombe tôt et le paysage n'a vraiment rien d'hospitalier. La Nouvelle-Zélande étant aussi grande que la Grande-Bretagne, tout choix erroné peut entraîner un détour de plusieurs dizaines de kilomètres car le réseau routier doit tenir compte d'une tectonique plus que mouvementée. On ne prend pas de raccourcis à travers les volcans.

Quelques heures plus tard, nous avons quitté la région des fumées et renoué avec les paysages traditionnels de Nouvelle-Zélande : de gros moutons laineux et des vaches pie paissent à perte de vue dans des alpages très accidentés.

Après avoir vécu « sur le dos du mouton », comme on dit ici, les Néo-Zélandais sont devenus les plus grands exportateurs mondiaux de produits bovins, lait, viande, cuir. C'est l'adhésion de la Grande-Bretagne à la Communauté économique européenne, en 1973, qui les a obligés à se reconvertir en les privant brutalement de leur débouché traditionnel. Après une période de crise, l'économie est aujourd'hui une des plus prospères au monde. Les pâturages et les prés constituent l'essentiel des paysages de l'île du Nord, occupant les pentes raides d'anciens volcans éteints. Même à Auckland, la plus grande ville du pays, qui, avec un million d'habitants, regroupe à elle seule le quart de sa population, les buttes vertes s'immiscent dans la trame urbaine. La Nouvelle-Zélande doit être le seul pays où les vaches paissent tranquillement non loin des immeubles du centre-ville, ce CBD *(central business district)* cher aux Anglo-Saxons. Certes, l'Inde est dans la même situation, mais le chaos de ses grandes villes se prête mieux à la divagation des vaches sacrées que l'atmosphère helvétique du monde kiwi. Ici aussi pourtant, les vaches pourraient être sacrées : elles fournissent l'essentiel du PNB.

Gravir les volcans urbains néo-zélandais permet d'accéder à un panorama fabuleux sur la superbe baie d'Auckland. La ville s'étend à perte de vue, nappant une topographie de collines entrecoupées de criques. Peu d'immeubles en dehors du centre-ville : le Néo-Zélandais ne conçoit pas d'habiter ailleurs que dans une maison individuelle. Le plus haut volcan d'Auckland (qui ne dépasse cependant pas l'altitude modeste de 367 mètres) est le mont Eden. Parfaitement dessiné, avec son cratère rond et profond, il évoque irrésistiblement le mont Pariou en Auvergne, ce Pariou dont les propriétaires privés défendent jalousement l'image, n'hésitant pas à réclamer des redevances pour son utilisation photographique. Ici aussi c'est un Pariou, mais un Pariou qui aurait été fiché en plein Paris. Et s'il n'est pas interdit de le photographier, pas question en revanche de pénétrer dans son cratère : les Maoris, propriétaires traditionnels du mont Eden, en interdisent l'accès car le site est sacré.

Quelques béotiens y ont pourtant jeté des ordures. Le sanctuaire est jonché de cannettes de bière et d'une boisson mondialisée de couleur rouge, au logo universellement connu. Constatant le sacrilège, Elsa, dont l'instituteur se caractérise par une énergie écologique hors du commun, fournit une explication qui lui paraît évidente : le mont Eden est en réalité un centre d'enfouissement technique. Ne ressemble-t-il pas à s'y méprendre à la décharge modèle qu'elle est allée visiter avec sa classe quelques semaines auparavant ? Nous tentons de lui expliquer qu'elle se trompe, que cette colline en apparence si inoffensive n'a rien d'une construction humaine, qu'elle plonge au contraire ses ramifications profondes dans le noyau en fusion de la terre. Rien à faire, elle reste sceptique.

Les enfants adorent la Nouvelle-Zélande, ses moutons, ses kiwis et ses volcans, mais ils ont un gros reproche à lui faire (et nous à faire à l'agence qui nous a aidés à concocter notre « auto-tour ») : les trajets y sont interminables. Imaginez-vous traverser la Grande-Bretagne en six jours, sur des routes nationales dont la vitesse est sévèrement limitée à 80 kilomètres heure ? Désespérés, les occupants de la banquette arrière cherchent tous les moyens d'occuper le temps : musique, disputes, égorgements mutuels. Heureusement la lecture des panneaux publicitaires procure la diversion tant espérée (n'espérez jamais calmer des enfants en leur conseillant d'admirer la beauté des paysages). Ici, la sécurité routière fait preuve d'une imagination sans bornes, dans l'espoir, apparemment vain, de modérer les ardeurs de conducteurs que l'on devine très impétueux : nos hésitations routières nous valent plus d'une fois de vigoureux coups de klaxon et de tout aussi énergiques doigts d'honneur.

« Ne traitez pas les travailleurs de la route comme des opossums », enjoint un premier panneau. Les Néo-Zélandais détestent le petit rongeur nocturne, coupable de prolifération incontrôlée. Dès qu'un malheureux représentant de l'espèce a le malheur de vouloir traverser la route, ils accélèrent. La chaussée est constellée de cadavres sanglants, surtout au petit matin.

« Réservé au conducteur qui double », proclame une autre affiche, lettres blanches sur fond noir. Une grande croix explicite la menace. Et pour ceux qui seraient vraiment durs de la feuille, la pancarte a été placée juste à l'entrée d'un cimetière. Peu à peu, nous nous prenons au jeu. De toute façon, il faut bien occuper le temps (en maudissant l'agence). Le premier qui découvre (et traduit) un panneau de la sécurité routière a gagné. En voici un, justement, qui nous intrigue : « Vous avez 10 minutes de retard », avertit-il. Faut-il accélérer ? Étrange. Nous passons plusieurs kilomètres à nous interroger sur la signification profonde du message, pour conclure qu'il s'agit sans doute d'une plaisanterie au second degré (ce qui nous paraît quand même osé).

Au moment où nous avons cessé d'y penser, une deuxième pancarte apparaît. C'est sans conteste la jumelle de la première : même couleur noire, mêmes caractères blancs. « Vous accélérez. Vous vous crashez », proclame-t-elle sans ambages. Finalement, le message est clair.

Encore quelques kilomètres, et la suite survient : « L'ambulance arrive : 32 minutes ». Maintenant toute la famille est aux aguets, avalant les kilomètres avec avidité pour connaître la suite (merci, la sécurité routière). Les Néo-Zélandais savent qu'ils ont de l'espace à revendre : la totalité de la saga nous occupera sur plus de cinquante kilomètres. Neuf pancartes en tout. « Trajet en ambulance : 54 minutes », dit la quatrième. « Chirurgie pour sauver votre vie : 4 heures », précise la cinquième. La sixième frappe encore plus fort : « Rééducation : 10 mois ». La septième est dans la même veine : « Revenir au volant : 5 mois ». La huitième dresse le bilan : « Arrivée à votre destination finale : 2 ans ». Romain, toujours très précis, fait remarquer que les calculs ne sont pas exacts. Sans doute, mais la signification globale ne laisse planer aucune ambiguïté. D'ailleurs, voici la neuvième pancarte. Celle-là dégage la morale de l'histoire : « Ralentissez. Ayez 10 minutes de retard ». Il n'y en aura plus d'autre. On peut difficilement être plus explicite.

Après une journée entière de voiture, je commence à soupçonner l'agence d'avoir voulu faire travailler de malheureux hôteliers en déshérence, en envoyant des gogos dans un trou paumé où personne ne veut mettre les pieds. À l'arrière, les protestations se font de plus en plus véhémentes.

Miracle : le cône d'une montagne enneigée s'impose peu à peu dans le paysage. Nous arrivons enfin au fameux mont Ruapehu. La route monte, délaissant les fougères géantes et les arbres, pour atteindre une lande de gynériums, ces plumets blancs dont les paysagistes adorent agrémenter les jardins d'ornement. Ils poussent ici en toute liberté, à perte de vue. Puis la lande se raréfie pour laisser place à une steppe. Nous montons toujours. À son tour, la steppe disparaît, tandis que le paysage adopte une austère nudité. Sur les pentes raides du volcan, plus aucune végétation. Nous sommes arrivés sur la lune. À perte de vue, des coulées de lave durcies, des chaos de roches, jetées là comme par la colère d'un géant. Une atmosphère de fin du monde nous saisit les entrailles. C'est ici que Peter Jackson, le réalisateur du *Seigneur des anneaux*, situa le Mordor. C'est dans ces pierres hostiles et nues que Frodon et Sam capturent le gnome Gollum, le Hobbit dégénéré, perverti par la possession de l'anneau. C'est ici que Sauron, régnant depuis sa forteresse démoniaque, réunit l'armée des hideux Orks avant d'attaquer la Terre du Milieu. Nous roulons au milieu de cette terre de légende avec le sentiment d'être arrivés en enfer. Comment imaginer territoire plus désolé ? La géographe que je suis sait bien que nous nous trouvons dans la caldeira d'un volcan, au milieu des lahars, du champ d'épandage de coulées de boue, mais le paysage est empreint d'une aura de mystère et de désolation que le crépuscule renforce. Aucune voiture, juste une route en lacets au milieu des blocs de basalte nu, et au loin, l'immensité d'un paysage minéral, totalement vide de toute présence humaine.

Nous montons toujours. L'air se raréfie et devient glacial. Encore un virage, et la route s'achève sur un immense parking. Nous sommes arrivés dans une station de ski.

Des tire-fesses et des télésièges sont en train de dégorger des centaines de skieurs en combinaisons multicolores. C'est la fin de la journée. Leurs skis sur l'épaule, ils se hâtent vers des autocars ronflants, qui empuantissent l'atmosphère de vapeurs de gas-oil. Les pentes les plus hautes du Ruapehu sont dévouées à tous les sports de montagne : nous croisons des monoskis, des surfs, des luges, des skis de fond et des skis de montagne. Familles aux nez peinturlurés de blanc, jeunes au front ceint d'un bandeau multicolore, moniteurs burinés qui houspillent leurs gamins de peur de rater la navette, nous voici à La Plagne. Sauf que La Plagne se situe aux antipodes et s'appelle Whakapapa. Et nous sommes tombés en plein dans les embouteillages de la sortie des pistes.

Demi-tour en catastrophe pour ne pas être engloutis dans le flot descendant des voitures et des cars. Déjà, il faut rouler au ralenti. Quelques lacets plus bas, un policier nous arrête. Par quel miracle est-il apparu, alors que nous sommes montés sur une route totalement vide ? Je pense à tous ces paysages désertiques de l'Atlas marocain, où il suffit de garer une seconde la voiture pour voir surgir, d'on ne sait où, une horde de gamins prêts à vous vendre au prix de l'améthyste des cristaux de roche teintés à l'encre violette. Sauf qu'ici c'est la Nouvelle-Zélande et que je sens déjà l'encre violette du procès-verbal. De peur que la nuit ne nous saisisse dans la géhenne, nous avons probablement roulé un peu trop vite. Peut-être les lahars dissimulaient-ils des radars.

Mais non, le policier veut juste vérifier que tout le monde est bien attaché dans la voiture. Tandis que nous repartons sans autre formalité, je commence à me demander si les Néo-Zélandais ne sont pas en réalité un peuple rebelle à toute forme d'autorité, qui ne met jamais sa ceinture. Et qu'il faut menacer de mort pour qu'il ralentisse et arrête de doubler sans visibilité.

Finalement, l'agence a bien fait les choses, comme la plupart des voyagistes qui, de manière générale, connaissent plutôt bien leur métier : nous logeons dans une somptueuse bâtisse du début du siècle, le château Tongariro. Je me suis trompée, Whakapapa n'est pas La Plagne, c'est Chamonix. Le Premier ministre du pays est venu en personne l'inaugurer en 1919. Salons de velours pourpre, lustres en cristal, piano à queue, escaliers monumentaux, *Le Seigneur des anneaux* a laissé place à *Shining*. Les enfants et nous logeons une fois de plus dans deux ailes différentes, reliées par une enfilade de couloirs sombres et tortueux. Là où l'agence a moins bien fait les choses en effet, c'est que depuis le début du voyage, personne ne semble s'être aperçu que nous faisons partie de la même famille. Jamais nous n'obtenons de chambres communicantes, ou même contiguës. Les enfants se voient sommés de laisser l'empreinte de leur carte bancaire à la réception. Et quand il faut régler la note, les réceptionnistes ont toujours l'air de trouver que je fais preuve d'une grande magnanimité en prenant à ma charge la totalité de la facture.

Pour une fois, notre progéniture a l'air légèrement contrariée d'être séparée des géniteurs par le dédale de l'armée des ombres. Elsa est même franchement terrorisée. Elle redoute pêle-mêle que le volcan n'explose, que Gollum ne soit tapi dans la pénombre, que des fantômes ne hantent les couloirs. Finalement, nous la recueillons dans notre chambre, où elle se terre instantanément sous les draps. Dommage, car le soleil couchant déploie une symphonie sanglante autour d'un cône enneigé d'une symétrie parfaite, le mont Tongariro, qui a donné son nom à l'hôtel.

L'harmonie des lieux est juste troublée par des vociférations enthousiastes : en bordure d'un immense golf moussu – qui ne fume pas, cette fois –, un homme et son fils jouent avec acharnement au football. Qui ose ainsi défier le pays du ballon ovale ? Les éléments masculins de ma famille, à ma grande confusion. Contre toute attente, les réceptionnistes très collet monté du château leur ont donné l'autorisation de labourer la pelouse, suscitant la consternation de quelques bibendums qui regagnent leurs chambres en combinaison de ski.

Ignorant délibérément le lien de parenté qui nous unit, je décide de gagner le centre d'information de la station. Une file ininterrompue de voitures descend de la montagne, tous phares allumés : à cinq heures du soir, la nuit tombe et la vie s'arrête. Le centre va fermer. Ma présence dérange visiblement le jeune homme qui s'apprêtait à plier bagage. Je n'ai que le temps de me procurer le kiwi en peluche destiné à cautériser les angoisses de ma fille et quelques dépliants d'information sur les risques volcaniques de la région. Ils montrent à quel point Whakapapa vit dangereusement. La défense civile néo-zélandaise met en garde les visiteurs contre le risque d'éruption. Les manifestations du Ruapehu sont imprévisibles : comme le niveau du lac de cratère ne cesse de fluctuer, les coulées de boue constituent une menace permanente. Un nouveau réveil du volcan devrait se produire avant la fin de l'été 2005, avertit la brochure. Je frémis. Après *Le Seigneur des anneaux*, allons-nous vivre *Le Pic de Dante* ? Surtout ne rien raconter aux enfants, sous peine de nuit blanche assurée.

Un dépliant est spécialement destiné aux skieurs. Il prévient lui aussi que le mont Ruapehu est une zone sismique extrêmement active. Tous les dix à vingt ans, ses éruptions produisent des cendres, des scories et des coulées « extrêmement rapides, denses et destructrices ». En conséquence, si des sirènes retentissent, les skieurs sont priés d'enlever leurs skis – précision intéressante (non, ils les gardent et font un dernier petit schuss, pour le plaisir) – et de se mettre à l'abri sur un point élevé, car les lahars sont « trop puissants pour être stoppés ou détournés aisément ». La brochure se veut cependant rassurante : un système de détection des éruptions a été installé dans les années 1980. Moyennement efficace apparemment, parce qu'il a été sérieusement revu après l'éruption de 1995. Désormais, annoncent les rédacteurs (et on sent qu'ils en bombent le torse de fierté), avant que surviennent les épisodes les plus violents, les skieurs sont alertés par une sirène. Qui se déclenche « plus d'une minute » avant l'apocalypse. *Une minute*, je vous jure, c'est écrit. On se sent tout de suite drôlement rassuré. Imaginez le type en train de skier. La sirène retentit. Il sait qu'il dispose d'*une minute* pour déchausser ses skis et remonter la pente (avec ses grosses chaussures) à la recherche d'un promontoire qui lui évite d'être emporté par la coulée. Conserve-t-il ses skis sur l'épaule, ou les laisse-t-il dévaler tout seuls la pente, histoire de montrer à ceux d'en bas que les ennuis commencent ? Pour ne pas être balayé par les lahars, notre malheureux doit dénicher un endroit sûr. Le plan de la station lui indique généreusement où trouver refuge. Mieux vaut l'avoir sur soi quand la sirène se met à sonner. Et suffisamment à portée de main pour pouvoir le sortir rapidement de la combinaison multipoche (tous ceux qui ont déjà fait du ski un seul jour dans leur vie comprendront). Et puis, il faut savoir le déchiffrer pendant que les sirènes hurlent. Ne surtout pas se laisser gagner par le stress, alors qu'un volcan en furie, réputé pour ses éruptions violentes, gronde au-dessus de votre tête.

Moi qui bénéficie de tout le temps nécessaire, bien à l'abri dans ma chambre d'hôtel, et sans éruption programmée (du moins, je l'espère), j'ai déjà du mal à repérer les zones protégées des lahars. Elles m'apparaissent sur la carte comme des confettis minuscules, posés sur un immense grill. Pas de problème en revanche pour trouver les coulées : leurs cheminements rouges présumés occupent tout l'espace à partir du sommet. Celui-ci, zone de risque majeur bien sûr, est lui aussi entièrement peinturluré de rouge.

S'ils ne veulent pas que leurs vacances tournent au barbecue géant, les audacieux adeptes de la station de ski volcanique de Whakapapa ont tout intérêt à garder le plan dans la combi, avec un téléphone portable en état de fonctionnement (les autorités les invitent d'ailleurs à appeler un numéro spécial s'ils repèrent des fumées suspectes). Je me souviens d'une marche sur une coulée de lave, vieille pourtant de plusieurs jours, dans l'île de la Réunion. L'éruption de la Fournaise avait barré la route qui fait le tour de l'île, près de Saint-Philippe. Sous une mince croûte refroidie, la lave rougeoyait encore, incandescente. Nous y avons laissé la semelle de nos chaussures. La Nouvelle-Zélande doit être le seul pays au monde où l'on *s'amuse* à skier sur un volcan en activité.

2

Victimes du réchauffement climatique

« Où est-ce qu'ils vont, ceux-là ? À Honolulu. Honolulu ! Tu te rends compte – il leur faut bien toute une journée pour s'y rendre.
– Dix-huit heures et demie, dit Trévor, y compris le changement d'avion à Los Angeles.
– Dix-huit heures et demie enfermés dans une de ces boîtes à sardines géantes ? Faut être fou. [...]
– C'est le besoin de nouveauté, que veux-tu ! dit Trévor. Majorque, allons, qui a encore envie d'aller à Majorque ? C'est d'un banal, Blackpool-sur-Med ! Même chose pour la Floride, et aussi pour les Caraïbes. Il faut aller de plus en plus loin pour échapper aux Dupont et aux Durand. »

David Lodge, Nouvelles du paradis (Rivages, 1992).

Les réfugiés de l'environnement se multiplient dans le monde : nomades que la sécheresse chasse de leurs déserts, victimes d'inondations et de cyclones dont la violence est aggravée par les défrichements massifs, ils sont de plus en plus nombreux, ceux qui ne peuvent plus vivre sur leurs terres et doivent chercher de nouveaux moyens de subsistance dans les ceintures urbaines des grandes métropoles...

Comparer notre situation de privilégiés à celle de ces millions de gens clochardisés malgré eux serait indécent. Mais nous sommes pourtant devenus nous aussi, à notre façon, des réfugiés de l'environnement : les canicules répétées de ces dernières années nous obligent chaque été à fuir notre maison, située dans le sud de la France. Parce qu'elle n'a plus d'eau. La source qui l'approvisionne tarit dès le début du mois de juillet.

Lorsqu'il y a près de vingt ans, nous avons acheté la vieille ferme où nous vivons aujourd'hui, personne n'en voulait : elle était considérée comme beaucoup trop isolée, incommode, abîmée par le temps. Mais à mes yeux, elle possédait le charme des bâtisses façonnées par une longue histoire. Inhabitée, elle n'en était pas moins fréquentée. Vestiges d'un ancien lavoir qui réunissait au siècle dernier les lessiveuses du village, trois bassins de pierre restaient le lieu de rendez-vous secret des amoureux, pour des retrouvailles discrètes à l'ombre des saules. Les chasseurs aimaient se retrouver dans ses dépendances effondrées, partageant le pain, le vin rouge et le saucisson après avoir traqué le sanglier. L'un d'eux me raconta qu'enfant, il pêchait des écrevisses dans la rivière qui filait derrière le vieux mas.

Tout cela a disparu. Il n'y a plus de rivière, plus de saules, plus rien. Les bassins de pierre sont envahis d'herbes folles et les figuiers se complaisent sur leurs ruines, qu'ils dissèquent méticuleusement chaque année un peu plus. Dès que l'été arrive, la source qui approvisionne la maison s'amenuise inexorablement, avant de tout à fait se tarir. Il faut alors tenir, grâce à une citerne que nous avons pris la précaution de remplir au printemps. Au fil des mois, l'eau qu'elle recèle se dégrade, verdit, prend une odeur désagréable. La rationner sévèrement s'impose, sous peine de ne pas pouvoir tenir jusqu'à l'automne. Les enfants, qui ont grandi avec le manque d'eau, ont appris naturellement les mille gestes qui permettent de l'économiser. Dans le jardin, seuls les lavandes et le thym prospèrent, tout le reste meurt.

Chaque année, la situation s'aggrave un peu plus : les nappes phréatiques ne se reconstituent plus. Sommes-nous victimes du réchauffement climatique ? Peut-être, mais l'assèchement vient aussi de la multiplication des forages privés : non loin de notre ferme asséchée, d'autres propriétés affichent des foisonnements d'hortensias, d'insolentes mares, vivant les pieds dans l'eau tandis que nous nous muons malgré nous en paysans du Sahel. En ce domaine, c'est la loi du plus fort. Et le plus fort, c'est celui qui vit en amont : il peut capter l'eau à sa guise, détourner à son profit sources et rivières. À l'échelle de notre maison, nous vivons ce que connaissent aujourd'hui tant de pays dans le monde, privés d'eau par leurs voisins.

Heureusement, le retour de l'automne ramène les diluviennes pluies méditerranéennes. Et la source se remet à couler. La vie peut reprendre, les rares plantes qui ont résisté à la canicule estivale redresser la tête. Nous poussons un immense soupir de soulagement, nous qui avons passé cinq mois à charrier des bouteilles d'eau minérale et à gérer parcimonieusement notre citerne, qui n'offre plus qu'un fond verdâtre et nauséabond. Mais chaque année, le retour de l'eau survient un peu plus tard. Septembre d'abord, octobre ensuite, novembre aujourd'hui. Nous avons tenté les forages. Sans succès : notre vieille ferme a été bâtie sur un gruyère de calcaire, ce que les géologues appellent le karst. La mèche du foreur se perd dans d'immenses cavernes. Il tente de couler du béton et voici que le béton disparaît à son tour : sommes-nous sans le savoir en train d'essayer de combler Lascaux ? ou la grotte Chauvet ? La situation devient inextricable. Et je souris en pensant que pendant des années, j'ai travaillé dans des ONG dont l'une des tâches essentielles consistait à apporter de l'eau aux populations déshéritées. Sans jamais en avoir eu chez moi. La parabole du cordonnier... toujours le plus mal chaussé.

Un héritage inattendu nous conduit à prendre une grande décision : lancer les travaux pharaoniques qui doivent permettre d'acheminer chez nous l'eau de la ville. La distance est considérable, le chantier monumental. Des engins de terrassement doivent défoncer le chemin étroit qui mène à la maison pour y poser des conduites. Il sera impossible d'y circuler en voiture pendant plusieurs semaines. C'est *à pied* qu'il faudra désormais charrier les bouteilles d'eau minérale. Sous le cagnard de l'été méditerranéen. La décision s'impose : il faut fuir. Loin, très loin.

Je vois dans cet événement un signe du destin : depuis quelques années, il me semble que le temps s'accélère. Les enfants grandissent. Bientôt Ariane, l'aînée, va quitter la maison pour faire ses études, puisqu'elle entre en classe de terminale. Ce mot de « terminale » ne m'a jamais paru aussi sinistre : il sonne le glas de la période heureuse où la famille était réunie à la maison. Ces dix-sept dernières années ont passé tellement vite ! C'est l'enchaînement logique de la vie qui conduit les enfants du berceau jusqu'à l'âge adulte, mais tous les parents voudraient pouvoir arrêter le temps. Ceux de nos amis qui nous ont précédés dans ce cheminement inéluctable nous mettent en garde : notre fille ne reviendra plus jamais. Le temps béni où elle vivait chez nous s'achève. Un à un, les enfants quitteront la maison. Bientôt, ils n'accepteront plus de partir en vacances en famille, préférant passer l'été avec leurs amis. Puis avec leur conjoint. Puis avec leurs propres enfants. Nous n'avons qu'une envie : retarder l'échéance. La décision s'impose : il faut fuir. Loin, très loin.

C'est ainsi que nous avons décidé de partir pour l'Australie. Depuis longtemps, toute la famille en rêvait. L'Australie, c'était le mythe, la dernière frontière. Ce pays-continent nous fascinait, comme il fascine la plupart des Français. Beaucoup de mes étudiants profitent du visa d'un an qui est assez facilement délivré par les autorités australiennes pour découvrir le pays tout en travaillant. Sydney, Melbourne, Canberra, Darwin, Perth, Cairns, Adélaïde... Égrener les noms fabuleux des villes australiennes constitue à lui seul une invitation au voyage.

À l'idée de partir pour l'Australie, toute la famille s'enthousiasme. Les grands s'imaginent déjà découvrant des plages extraordinaires – l'une d'elle ne s'appelle-t-elle pas Surfers Paradise ? –, la petite pense qu'elle va pouvoir caresser des koalas et nager dans la Grande Barrière de corail. Les parents sont à peu près dans le même état d'esprit, eux que les documentaires du commandant Cousteau ont plongés petits dans le « monde du silence » : il y a longtemps que la Grande Barrière de corail a été pré-vendue au monde entier par l'homme au bonnet rouge. Mais ils habillent leurs rêves d'enfant de considérations sérieuses, parce qu'ils sont adultes désormais : il faut découvrir l'Australie l'année où l'on *doit* quitter longtemps la maison. « Une telle opportunité ne se reproduira pas », dit le mari le plus sérieusement du monde, comme si toute la famille était obligée de se réfugier aux antipodes, faute de pouvoir séjourner *at home.*

Par quel bout prendre ce pays gigantesque ? Pour l'instant, il ne se résume pour nous qu'à une succession d'images, toutes exceptionnelles certes, mais que nous avons du mal à relier concrètement entre elles : l'Ayers Rock, les kangourous, la Grande Barrière, l'opéra de Sydney... En jetant un coup d'œil sur le globe terrestre, notre perplexité grandit. Nous mesurons concrètement ce que signifie le terme d'antipodes : l'immense Australie se situe immensément loin. Terriblement loin de la France. Mais pas seulement : ce croissant de lune obèse planté en plein Pacifique est au bout du bout du monde. *Down under.* S'y rendre depuis la France est une véritable expédition. Il faut littéralement contourner le globe terrestre.

C'est à ce moment-là que germe l'idée du tour du monde : à tant faire, autant ne pas revenir sur ses pas. Poursuivre la trajectoire permet de retrouver le point de départ... après avoir bouclé la circonférence terrestre !

Peu de voyagistes proposent des tours du monde. Pourtant, le premier d'entre eux fut inscrit dès... 1872 au catalogue d'un des premiers tour-opérateurs mondiaux : l'agence britannique Thomas Cook. Aujourd'hui, le billet d'avion pour l'Australie coûte à peine plus cher lorsqu'on y inclut un certain nombre d'escales. Un tel voyage n'est certes pas anodin sur le plan financier, d'autant que, travail et école obligent, nous devons respecter un calendrier assez rigoureux, ce qui suppose de prendre des vols réguliers, réservés à l'avance. Inutile d'espérer économiser grâce à l'âge des trois enfants : pour les agences, notre famille est composée de quatre adultes... ce qui explique mieux pourquoi nous allons passer tout le voyage à expliquer aux hôteliers que, oui, ces personnes de petite taille qui disposent de leur propre chambre voyagent bien en notre compagnie et que, même, nous acceptons de régler leur note. Seuls les neuf ans de la cadette lui confèrent un statut privilégié. Les deux autres, avec leurs douze et quinze ans, sont considérés comme des adultes à part entière par les compagnies aériennes. Je propose à leurs responsables de venir passer une journée à la maison pour se faire eux-mêmes une opinion sur la question.

Bref, la note est salée, surtout ajoutée aux travaux d'adduction d'eau. Nous allons définitivement et totalement dilapider ce que nos aïeuls ont bien voulu nous léguer. Mon mari et moi nourrissons quelques scrupules vis-à-vis des enfants, dont nous compromettons ainsi l'héritage. Les enfants, eux, restent de marbre devant nos inquiétudes. Pour eux, la priorité, c'est d'abord de découvrir l'Australie. « Tu comprends, maman, un voyage, on s'en souvient toute sa vie », explique gravement Romain. « Tant pis si vous ne nous donnez pas d'argent quand on sera adultes : notre vie, c'est à nous de la gagner plus tard », renchérit la grande. « Tu crois qu'on pourra rapporter un poisson ? » demande la petite dernière. Les journaux viennent de se faire l'écho d'une curieuse histoire : une femme s'est fait prendre à l'aéroport de Sydney car elle dégageait de surprenants gargouillis en marchant. Les douaniers alertés découvrent alors qu'elle a dissimulé sous son ample jupe des tas de petits sachets remplis d'eau et de poissons exotiques. Elsa en conclut, l'air grave : « Il faut qu'on soit plus habiles, nous, hein, maman ? »

C'est ainsi que nous avons fui à l'autre bout de la terre tandis que notre maison desséchée se transformait en un gigantesque chantier.

Maintenant, il faut imaginer cinq personnes, aux âges et aux motivations variés, penchées sur un globe terrestre en plastique éclairé de l'intérieur. Aucune ne s'accorde avec les autres sur la route à prendre pour se rendre en Australie. Passer par Tokyo ? Par Bombay ? Par Santiago du Chili ? Féroces négociations. Incompatibles aspirations. Pendant de longs mois, chaque membre de la famille défend âprement son bout de gras : les ados veulent non seulement des plages de surf, mais aussi des grandes villes, de la musique, des quartiers qui vibrent. Surtout pas de la « nature vide et ennuyeuse ». La petite au contraire adopte une position exactement inverse : son idée fixe est de découvrir des animaux et de grandes étendues sauvages. Toujours obnubilé par le boulot, l'homme de la famille pose comme condition de pouvoir passer quelques jours aux États-Unis et au Canada où il veut travailler sur la création d'entreprises. Bâtir notre tour du monde dans ces conditions relève du tour de force. Et évidemment, comme dans toutes les familles, c'est à la mère qu'incombent les défis impossibles. Moi.

Soyons pragmatiques. Je décide de solder en une seule fois un certain nombre de pays dans lesquels nous n'aurons probablement jamais la possibilité de retourner. La Nouvelle-Zélande par exemple. Depuis la France, il faut près de trois jours pour s'y rendre. Avec cinq semaines de congés payés – que la législation oblige, qui plus est, à prendre de façon fractionnée –, qui peut dire froidement : « Je pars pour la Nouvelle-Zélande en vacances » ? Peu de voyagistes ont inscrit la Nouvelle-Zélande sur leur catalogue. Les plus rompus au tourisme de masse vendent des séjours formatés par une longue pratique, qui sont délivrés tout empaquetés comme des boîtes de conserve : compagnie aérienne, hôtels, activités et excursions (optionnelles), tout est verrouillé pour pouvoir être vendu en grande quantité sans surprise. Et éventuellement soldé sur Internet si les clients sont moins nombreux que prévus. D'autres proposent des prestations plus personnalisées, comme des « autotours » ou des découvertes qualifiées d'« originales », mais le simple fait qu'elles soient inscrites sur un catalogue suffit à prouver qu'elles sont conçues pour être vendues en nombre.

Concevoir un tour du monde est une autre paire de manches. Peu d'agences de voyages s'en occupent. Dans ce domaine, le tour non pas du monde mais des professionnels est vite expédié. À Paris, si l'on fait abstraction des voyages sur mesure réservés à une élite richissime, il existe pratiquement une seule personne dont la spécialité est d'aider les voyageurs à concevoir leur tour du monde. C'est une jeune femme qui répond au nom prédestiné d'Alice.

Alice est notre fée. Elle nous apprend le b. a.-ba du tour du monde. Par exemple, la première décision à prendre est de choisir le groupe de compagnies aériennes avec lequel voyager. Il en existe trois : One World, avec notamment British Airways, Star Alliance avec Lufthansa, et Sky Team, celle dont fait partie Air France. Chacun de ces trois groupes inclut en effet un certain nombre de compagnies, qui passent des accords entre elles. Il faut rester au sein du même groupe pour pouvoir faire le tour du monde avec un unique billet d'avion fragmenté en un certain nombre d'escales. Si on veut changer d'alliance, le prix monte en flèche, car on doit alors acheter un autre billet.

Sur le papier donc, les choses sont claires. Mais une question vitale se pose : quelles escales ? Me voici, moi la géographe, chargée de mettre en pratique concrètement les aspirations contradictoires de chacun. Comment faire ? Cinq personnes aux exigences bien différentes, c'est la quadrature du cercle. Procédons par élimination : quels pays devons-nous absolument voir parce que nous n'y retournerons probablement jamais ? La Nouvelle-Zélande, c'est certain. Le Chili aussi... Tous ces pays sont trop lointains de la France et il ne nous reste pas tant d'années à vivre (je ne parle pas des enfants, mais de ceux qu'ils considèrent comme des ancêtres : leurs parents. Nous).

Alice m'interroge aimablement sur la première question que j'aurais dû trancher : l'alliance aérienne. Laquelle avons-nous choisie ? Nous allons passer beaucoup de temps en avion, forcément. L'idéal serait de pouvoir s'offrir la classe affaires, mais les billets coûtent deux fois plus cher. Notre budget ne nous le permet pas. Évitons. Notre expérience nous a appris que sur certaines compagnies aériennes, les vols en classe économique peuvent se transformer en de redoutables épreuves. Car les « Y », ainsi que l'on désigne les passagers de la classe économique, restent considérés par de nombreuses compagnies comme du menu fretin, qui n'a pas payé suffisamment cher pour avoir droit à un minimum d'égards.

Pourtant si l'on exclut les hommes d'affaires et les privilégiés qui ont les moyens de s'offrir un billet en classe affaires, voire en première, les passagers de la classe économique sont en général les seuls à avoir payé leur déplacement de leur poche, économisant des mois pour pouvoir s'offrir le voyage de leur vie. Ils l'ont préparé des semaines et des semaines à l'avance, galvanisés par la perspective de ce déplacement capital à leurs yeux. Cela rend d'autant plus inacceptable que ce touriste « Y » reste trop souvent à quai : vols retardés, voire annulés, surbooking systématique des compagnies pour pouvoir remplir leur avion coûte que coûte, prestations en vol misérables, quand elles ne sont pas nulles (nous découvrirons ainsi que sur Air Canada, compagnie dite pourtant « régulière », il faut *acheter* son repas à bord si l'on veut pouvoir manger !). Pauvres « Y », trop souvent traités comme du bétail à l'enregistrement et à l'embarquement (quand enfin ils parviennent à monter dans l'avion), comprimés dans un espace minuscule, nourris d'expédients négligemment servis... Leurs bagages se perdent. Ils mettent quatre jours à récupérer de l'épreuve. Et tout le monde s'en fiche puisqu'ils sont « en vacances ».

Nous décidons donc de bannir les avions pourris de certaines compagnies russes ou africaines, véritables cercueils volants, les charters aléatoires aux escales multiples... Ce nécessaire élagage laisse peu de compagnies en lice. Les spécialistes du décalage horaire sont unanimes : Singapore Airlines mérite la palme d'or. Même en classe économique. Avions spacieux, hôtesses souriantes, service à bord impeccable. Adopté. Effectivement, nous ne serons pas déçus : la compagnie singapourienne doit être la seule à avoir compris que même le passager de la classe économique mérite quelques égards. Le groupe dont elle fait partie s'appelle Star Alliance. Le choisir exclut d'emblée certaines destinations. L'Afrique, par exemple, n'est que peu desservie. C'est bien dommage : l'Afrique mérite à elle seule son propre voyage. Mais on ne peut l'inclure dans un tour du monde sous peine que ce dernier ne s'arrête net. Je ne fais pas allusion à l'état désastreux de certaines compagnies africaines, rebaptisées « Air peut-être » par leurs usagers fatalistes, mais au fait que la plupart des pays où nous comptons aller, à commencer par l'Australie, posent des conditions sanitaires draconiennes à l'entrée des voyageurs. Mentionner un pays africain comme lieu d'embarquement sur leurs formulaires d'entrée signifie être immédiatement repéré comme suspect. Donc subir une inspection approfondie. Peut-être même se voir refuser de débarquer. C'est un risque qu'il vaut mieux éviter.

Pour la même raison, il faut aussi éliminer toute la partie de l'Asie menacée par la grippe aviaire : au lieu de monter de véritables dispositifs de coopération sanitaire avec le tiers-monde, les riches pays occidentaux tentent d'ériger contre lui des barrières étanches. Comme si, à l'ère de la mondialisation aérienne, les douaniers pouvaient stopper la circulation des virus. Faute d'arrêter les maladies, ils s'en prennent aux êtres humains. Évitons ce désagrément. Au fur et à mesure que nous progresserons dans notre voyage, je me garderai bien de mentionner sur les formulaires douaniers le nombre de pays que nous venons de traverser, élémentaire précaution qui nous évitera de perdre des heures dans les contrôles de sécurité...

Je regrette de ne pas emmener les enfants en Afrique. La grande majorité des touristes internationaux évitent ce continent. Cette décision présente néanmoins un intérêt de taille : me voici dispensée de la nécessité de les vacciner contre toute une cohorte de maladies tropicales. Ils ne connaîtront pas le bonheur de leur mère, grande spécialiste des voyages subsahariens, contrainte de renouveler son vaccin contre la fièvre jaune dans l'un des rares instituts français habilités à l'administrer. Queue interminable. Salle d'attente surchauffée, où des dizaines de malheureux, qui viennent de comprendre qu'ils ont perdu leur journée de travail, tiennent leur petit ticket comme au rayon boucherie des supermarchés, essayant de ne pas dégorger leur humeur exécrable en s'entretuant. Médecin admirable de conscience professionnelle, qui cherche à comprendre s'il a en face de lui un touriste qui séjournera en club de vacances ou un voyageur professionnel. Et plonge à chaque réponse dans un énorme frigo, pour en sortir un petit flacon. Mon cas le préoccupe : il compte tout bonnement m'administrer *sept* vaccins.

Je proteste mais le praticien reste inflexible : s'il cède à mes supplications, la mort me guette. Et d'ailleurs, je vais très bien le supporter. La preuve : personne ne l'a jamais appelé pour se plaindre.

Loin de me convaincre, l'argument exacerbe ma résistance : je ne veux pas mourir *avant* d'avoir touché le sol africain. Je m'en tire finalement avec quatre seulement – deux dans chaque épaule – et sors de son cabinet persuadée d'un décès imminent. Trois heures après, mes bras sont deux choses mortes, deux appendices inutiles qui ne me permettent même pas de hisser un vêtement dans le compartiment à bagages du train. Un être compatissant s'en charge à ma place. Je comprends mieux pourquoi personne n'a jamais appelé le médecin : il est totalement impossible d'utiliser un téléphone.

Donc pas d'Afrique ni d'Asie tropicales. Nous éviterons ainsi de trimballer une réserve industrielle de comprimés dernière génération contre le paludisme, cette charmante maladie qui tue à elle seule plus d'enfants dans le monde que dix tsunamis. Avant, il suffisait de minuscules comprimés de Nivaquine. On en avalait un par jour, c'était un peu amer, mais on était tranquille. Seulement voilà : peu à peu, partout dans le monde tropical, sont apparues des formes résistantes de malaria. Plus question de petits comprimés. Les laboratoires pharmaceutiques ont donc mis en vente de gros cachets capables de faire face même aux piqûres de moustique les plus meurtrières. Mais ils coûtent tellement cher que seuls les riches peuvent se les offrir. Les enfants africains meurent ainsi par milliers d'une maladie qu'on sait pourtant guérir. Ils sont pris en otage par la loi fondamentale du capitalisme : si tu ne peux pas payer, tu n'existes pas. Comme peu de pays ont les moyens de payer, le monde exempt de maladies mortelles se réduit comme une peau de chagrin. Et les pays riches campent jalousement sur leur sécurité sanitaire, bardant leurs frontières contre tous les indésirables périls en provenance du monde pauvre : les maladies, les parasites, et surtout les gens. D'innombrables tracasseries douanières, voire d'étanches barrières, sont édifiées contre ceux qui arrivent de pays pauvres, contre les peaux colorées, contre ceux qui n'entrent pas dans la norme formatée des riches nations occidentales. Mon mari est né en Afrique, et je sais déjà que cette particularité désolante va nous valoir aux contrôles de police les pires ennuis.

Un à un, je biffe tous les pays qui vont poser problème, d'une façon ou d'une autre. Australie, Nouvelle-Zélande, tout le monde est d'accord. C'est plutôt le reste qui nous préoccupe. Faut-il rentrer par le Japon ? L'Amérique du Sud ? L'Amérique du Nord ? Nous sommes au moins deux à plaider pour l'Amérique du Sud. Le Chili, le désert d'Atacama, la Terre de Feu... Et qui dit Chili, dit île de Pâques. Qui ne rêve pas de l'île de Pâques, ses statues géantes, le mystère de leur édification, leur regard vide tourné vers l'océan ? L'île de Pâques incarne le mythe géographique par excellence. On n'y séjourne pas par hasard : elle est perdue au cœur de l'océan, à plus de trois mille kilomètres de son pays de rattachement. Ne nous posons plus de questions : l'île de Pâques, c'est l'escale rêvée sur la route du Chili.

Pour Alice, le fantasme devient très rapidement une réalité concrète. Cette jeune femme m'émerveille. À lui seul, son prénom me paraît prédestiné : chaque fois que je viens voir Alice pour examiner avec elle une destination, fruit de négociations familiales acharnées, elle m'écoute, impassible et souriante. Puis elle se tourne vers son ordinateur. Et la voici qui, sous mes yeux éberlués, se met immédiatement à pianoter pour concrétiser nos aspirations géographiques. Alice connaît tout : les alliances, les compagnies, les destinations, les endroits où il est bon de se rendre et ceux qu'il vaut mieux éviter. Alice est *la* spécialiste des tours du monde. Qui peut imaginer un talent pareil ? Cette Alice-là détient vraiment la clé du « pays des merveilles ». Personne d'autre qu'elle ne possède le don inouï de métamorphoser immédiatement les expéditions purement théoriques dont nous rêvons en de très concrets plans de vol : dates, horaires, aéroports de départ et de destination... Deux minutes plus tard, Alice a déjà *réservé*. Voilà, par la seule puissance de ses dix doigts magiques, nos cinq noms inscrits pour un voyage dont nous ignorions tout quelques instants auparavant. Grâce à elle, le monde entier nous appartient.

Tandis qu'elle insère informatiquement l'escale à l'île de Pâques dans notre périple, Alice m'indique que nous devrons y passer quatre jours au moins avant de pouvoir reprendre un vol pour Santiago du Chili. Je suis ravie : quatre jours sur la lande mythique, au pied des impressionnants monolithes, quelle fabuleuse aventure !

Las, lorsque j'explique la chose à la famille, Ariane et mon mari poussent de hauts cris : la perspective de passer plus d'une demi-semaine enfermés avec des statues géantes au milieu de l'océan Pacifique les tétanise.

« Une fois qu'on en a vu une, ça va bien. Tu ne crois pas, maman ? » suggère ma fille, se voulant conciliante.

« Tu ne crois quand même pas que c'est un hasard s'ils obligent à rester quatre jours ? C'est le seul moyen qu'ils ont trouvé pour avoir du monde ! » assène mon mari, catégorique.

C'est ainsi que l'île de Pâques bascule aux oubliettes. Je n'insiste pas : je viens de me rendre compte que l'hiver austral au Chili est redoutablement froid, surtout lorsqu'on se rapproche du cercle polaire. Ma charmante petite famille pourrait très bien ne rien voir de la beauté d'une Terre de Feu engloutie dans les brumes.

Échaudés par mes aventureuses velléités, les deux affreux posent à l'unisson un ultimatum : sans escale aux États-Unis et au Canada, pas de tour du monde. Je suppose qu'ils se sont concertés. Pour Romain, c'est le Brésil, sinon rien. Rio de Janeiro bien sûr : Maracanã n'est-il pas le plus magnifique, le plus vibrant stade de foot au monde ? La petite rajoute Iguaçu sur la liste. C'est ainsi que la route de l'Amérique est imposée sans états d'âme, par trois voix sur cinq. Des grandes villes, des grandes firmes, de la lumière et de l'agitation, voilà qui ravit le clan des mondialisés. La petite s'est ralliée à la majorité par la grâce d'une cascade géante, de baleines et de phoques.

J'essaie de plaider en faveur de tout ce que nous ne verrons pas, en Asie particulièrement. Les ados défendent leur position : seul le Nouveau Monde les captive vraiment, parce qu'il incarne à leurs yeux l'antithèse des vieux pays, la modernité, les grands espaces, les dernières frontières. Je m'incline. La négociation a été impitoyable... et j'ai tout lâché.

Penchée sur le globe terrestre miniature, je laisse pensivement glisser mon doigt sur notre itinéraire. Soudain, l'évidence s'impose : il faut faire escale en Polynésie ! On m'a privée de l'île de Pâques, on ne me privera pas de Tahiti. Et puis j'y ai des racines : ma grand-mère est née et a vécu jusqu'à l'âge de quinze ans aux îles Gambier. Elle m'a bercée des récits de son incroyable enfance, en roulant les *r* comme seuls les Tahitiens savent le faire. Elle m'a offert des couronnes de coquillages, une mâchoire de requin scie, une carapace de tortue, rapportées au cours d'un voyage en bateau qui dura plus d'un mois. Elle me parle encore de son chagrin quand son petit chat fut jeté par-dessus bord par les marins, parce que les félins, dit-on, portent malheur sur les navires. Pour se consoler, elle apprivoisa d'énormes blattes qu'elle nourrissait à la main.

Si j'ai échoué pour l'île de Pâques, le mythe tahitien fonctionne pleinement : j'obtiens gain de cause, unanimement et avec enthousiasme. Et voici de nouveau Alice à l'œuvre, avec sa patience d'ange. Pour elle, ce changement n'est pas un problème : en une seconde, elle a annulé ce qu'elle avait patiemment monté quelques jours auparavant. Mais nous ne pourrons nous rendre aux îles Gambier, qui nécessitent à elles seules un voyage particulier, tant elles sont éloignées de Papeete. L'archipel de la Société en revanche – Papeete et les îles environnantes – nous est ouvert. Toute la famille est folle de joie à l'idée de découvrir la Polynésie.

La première conséquence de l'escale américaine tombe immédiatement : il faut refaire tous les passeports. Depuis le 11 septembre, le « *nine eleven* » comme disent les Américains, les États-Unis imposent des documents d'identification contenant des données biométriques. Et les enfants, quel que soit leur âge, doivent chacun avoir leur propre passeport. À peu près tous les Européens qui désirent se rendre chez l'Oncle Sam sont obligés de faire un détour (coûteux) par la préfecture pour se mettre en règle, quand bien même leur passeport ne date que de quelques mois. Sans cette « formalité » qui peut s'avérer interminable, il faut disposer d'un visa. Bref, se rendre aux États-Unis est aujourd'hui une opération aussi chronophage que prohibitive. J'essaie de faire valoir mes arguments mais Ariane reste inflexible : *les States*, sinon rien.

La mort dans l'âme, je vois se clore le temps béni où les trois petites photos d'identité adorables de ma progéniture éclairaient mon triste passeport bordeaux. Elles sont remplacées par des codes-barres et autres tristesses informatiques censées m'identifier, moi et moi seule, parmi 6,5 milliards d'individus. Ce n'est pas le seul avatar qui va nous attendre au cours de ce voyage : j'aurai l'occasion de regretter plus d'une fois les statues de l'île de Pâques.

3

Au pays des kangourous écrasés

« Les kangourous sont particulièrement dangereux pour les automobilistes, surtout dans l'obscurité. Ils sont d'une étonnante rapidité et imprévisibles, par ailleurs ils prolifèrent. Sur une seule distance de vingt kilomètres, près des Snowy Mountains, il a été relaté qu'environ 400 grands kangourous gris orientaux ont été tués en seulement dix mois. Le danger marsupial ne se limite pas au bush. À Canberra, l'année dernière, il y a eu plus de 600 accidents causés par ces animaux. Dans tout le pays, les automobilistes ont heurté 13 000 marsupiaux, 800 vaches et chevaux, 435 wombats, 210 renards et 3 500 moutons, chiens, chats et autres animaux. »

« Ces routes tueuses d'Australie », Auckland Herald, samedi 6 août 2005.

L'Australie est connue pour être le pays des animaux les plus dangereux au monde. Il existe même un petit guide, vendu à peu près partout, qui recense le nombre incalculable d'espèces susceptibles de vous tuer en l'espace de quelques minutes dans des souffrances effroyables : des serpents, des araignées, des méduses, des crocodiles, des requins… Même le si mignon et si spécifiquement australien *platypus*, connu en France sous le nom rébarbatif d'ornithorynque, possède des crochets venimeux au bout des pattes.

Juste avant de partir, un ami nous met en garde : à peine arrivé dans le pays, son père a passé deux mois à l'hôpital, entre la vie et la mort, après avoir été mordu par une petite araignée noire à dos rouge tout à fait insignifiante. L'attendrissante bestiole vit dans les jardins publics de Sydney – où le promeneur est cordialement invité à marcher sur les pelouses. Ne pas traîner non plus en bord de mer, repaire des *salties*, ces énormes crocodiles d'eau salée, qui attaquent de façon aussi rapide qu'imprévisible. L'aéroport de Cairns propose une balade dans les mangroves qui l'environnent, il suggère juste de rester dans le sentier balisé. « Ne vous penchez pas au-dessus de la barrière : si la chute ne vous tue pas, le crocodile le fera », avertit charitablement une pancarte à l'aquarium de Sydney, au-dessus d'une mare où le crocodile en question vous observe, l'œil torve. Ne pas faire confiance non plus aux filets de sécurité des plages : de minuscules méduses, presque invisibles à l'œil nu, en traversent les mailles. Leur venin provoque une douleur telle qu'elle peut entraîner un arrêt cardiaque. Ne surtout pas non plus, pour la même raison, ramasser les coquillages. Les plus anodins peuvent être mortels.

Les potentialités de l'Australie en la matière semblent inépuisables. Nous multiplions les mises en garde aux enfants. « Dis donc, c'est trente millions d'ennemis ici ! » remarquent-ils. En général, ce sont toujours les touristes qui se laissent prendre, ce qui suscite la commisération vaguement méprisante des autochtones : ils n'avaient qu'à écouter les mises en garde prodiguées un peu partout (guides touristiques, pancartes, dépliants d'information généreusement distribués à tous les comptoirs). D'accord. Mais le crocodile les a-t-il lus, lui qui se faufile sournoisement dans les cours d'eau les plus anodins ? Il semble d'ailleurs qu'il parvienne difficilement à faire la différence entre les locaux et les blancs-becs étrangers, qui méritent apparemment d'être boulottés tout crus tant ils font preuve d'ignorance et d'inconscience. Il arrive en effet que de solides Aussies fassent les frais de leur vindicative ménagerie insulaire. Ils se vengent en écrasant tout ce qui bouge.

Circuler sur l'autoroute qui relie Adélaïde à Darwin – quatre mille kilomètres, une bricole – est une expérience éprouvante pour quiconque a l'âme sensible : tout au long de la route, la variété des animaux écrasés laisse pantois. Inutile de visiter les zoos australiens, par ailleurs remarquablement bien dotés, pour se faire une idée de la panoplie des espèces locales. Il suffit de regarder les chaussées australiennes. Évidemment, une telle occupation suppose un certain penchant pour la taxidermie. Du moins lorsque les animaux sont restés intacts après avoir été heurtés, ce qui est malheureusement rarement le cas. Dans la plupart des cas, les routes vous flattent les cinq sens par un mix brutal de

Massacre à la tronçonneuse, *Scream* et *La Nuit des morts vivants*. Tous les stades de la décomposition y sont représentés, depuis le cadavre à peu près présentable jusqu'à la charogne boursouflée d'asticots, que l'on devine bien avant d'y arriver à son odeur putride. Vautours, aigles et autres prédateurs se repaissent de ce garde-manger à ciel ouvert. Ils s'envolent lourdement à l'approche d'une chose encore vivante, pour se poser quelques mètres plus loin, avec l'espoir que, bestioles venimeuses et insolation aidant, vous allez involontairement agrémenter le pique-nique.

Nul service de voirie ne se donne la peine d'ôter les dépouilles, même lorsqu'elles gisent sanglantes au milieu de la route : la nature fait son office. Les conducteurs écrasent (avec une certaine délectation, semble-t-il), les charognards multiples amorcent le travail d'élimination, le soleil et le temps achèvent la besogne. Il existe, paraît-il, des centres de recherche spécialisés dans l'étude des corps en décomposition. Leur but est de recueillir le maximum d'informations sur les processus à l'œuvre après la mort. La spécialité, peu ragoûtante de prime abord, serait nécessaire à la police criminelle, qui doit, lorsqu'elle découvre un cadavre, pouvoir connaître de la façon la plus précise possible le jour, voire l'heure, du décès et ses causes probables. On ne saurait trop conseiller à ses éminents représentants un séjour dans l'*outback* australien : ce petit coin de nature paraît l'endroit idéal pour leur permettre de perfectionner en direct live leurs techniques d'analyse.

L'outback est le centre semi-aride du continent australien. Un endroit reculé, mal connu (on y découvre sans cesse de nouvelles espèces animales et végétales), où beaucoup d'Australiens n'ont jamais mis les pieds. Ceux qui s'y rendent se contentent de passer quelques jours, parfois quelques heures seulement, auprès de l'Ayers Rock avant de reprendre l'avion.

L'Ayers Rock est cet énorme rocher rouge, fiché en plein désert, qui est le symbole de l'Australie. Les Aborigènes lui ont redonné son nom premier : Uluru, qui signifie « lieu de réunion ». Les visiteurs admirent Uluru de toutes les manières possibles, puis repartent. Parfois, comme ils ont effectué un trajet plutôt conséquent pour parvenir dans l'outback, ils séjournent dans la ville d'Alice Springs, cœur du pays aborigène, avant de rayonner en étoile pour découvrir les nombreux canyons de la chaîne des montagnes MacDonnell. Alice Springs est la seule étape d'importance le long de la *track*, l'interminable route qui relie Adélaïde à Darwin, traversant l'Australie de part en part comme un point d'exclamation géant sur un croissant obèse. De monstrueux convois routiers la sillonnent à tombeau ouvert, véritables « trains de camions » prêts à atomiser tout ce qui pourrait entraver leur détermination aveugle à unir les deux points cardinaux. Dans l'outback, les accidents de voiture sont nombreux et souvent mortels. C'est ici que le film *Duel* aurait dû être tourné. Pour éviter d'en jouer un mauvais remake, il est fortement conseillé, lorsqu'on aperçoit dans son rétroviseur le point brillant d'un convoi grossir avec une rapidité alarmante, de se garer immédiatement. Dégager la voie est une question de survie. Beaucoup de ceux qui sont blessés dans des accidents de voiture sont des touristes. Voilà pourquoi le journal quotidien d'Auckland met en garde les citoyens néo-zélandais contre le risque lié aux traversées impromptues d'animaux en Australie.

Les kangourous australiens ne lisent pas les pancartes de la sécurité routière. Ils osent emprunter la route de façon totalement désordonnée, par grands bonds joyeux. Les jeunes, lorsqu'ils sont enfin sortis de leur poche, suivent leur mère sans penser une seule seconde à jeter un coup d'œil avant de traverser. Le conducteur australien n'attend que cette occasion pour les transformer en bouillie, grâce aux énormes tout-terrains qu'il adore propulser sur la track à la vitesse de l'éclair. Les kangourous inconscients n'imaginent pas une seconde la haine qu'ils suscitent, une haine proportionnelle aux dégâts qui leur sont imputés : arrachage des clôtures, dévastation des pâturages et des points d'eau, diffusion de maladies diverses... Le Parlement australien a chiffré à 340 millions d'euros les déprédations diverses de ces bestioles, que le monde entier adore, hormis les Australiens.

À l'arrière de la voiture, les enfants sont pâles, bouleversés. Ils scrutent la route avec angoisse. Ils ont vu au zoo de

Sydney de jolis marsupiaux au regard doux faire tranquillement la sieste au soleil (pour être honnête, précisons que ceux du zoo de Lunaret, à Montpellier, s'affrontent à coups impressionnants de boxe thaïlandaise : le pacifique animal est tout à fait capable, d'un coup de patte bien ajusté, d'expédier *ad patres* celui qui l'importune). Et voici que dans le bush, il semble n'y avoir de bons kangourous qu'écrasés. Partout, absolument partout, ils gisent. Le long de la route, sur les bords, au milieu de la chaussée, ils gisent. Parfois entiers encore - généralement au petit matin parce qu'ils sortent plutôt la nuit. Plus souvent, déchiquetés, sanglants. Seuls, par deux, par groupes, toutes les variantes sont possibles. Ma fille aînée, qui nourrit une véritable hantise des cadavres depuis qu'elle a retrouvé son labrador disparu en train de pourrir dans un fossé, est révulsée. Elle n'ose même plus regarder par la fenêtre. Barricadée dans son walkman, elle se tient tête baissée, comme plongée dans une profonde méditation, ne consentant à relever la tête que lorsque nous arrivons à destination. Mais là non plus, elle n'est jamais à l'abri d'un spectacle épouvantable. Ainsi dans cette petite station-service très couleur locale, où nous nous arrêtons pour prendre de l'essence, elle découvre trois vaches allongées de tout leur long, comme si elles se reposaient d'un long trajet. Sauf qu'elles sont en train de pourrir, le ventre gonflé par la décomposition. La petite, qui veut devenir vétérinaire, paraît moins traumatisée que ses aînés. Elle considère même avec une certaine curiosité les petits soubresauts des charognes grouillantes de millions d'asticots. Mais l'attrait touristique de la track reste relatif.

L'âme australienne semble se caractériser par une certaine rudesse à l'égard de la nature, qui, elle-même, ne lui fait pas de cadeau. En tout Australien sommeille toujours le pionnier obligé de se battre pour survivre dans le bush hostile. Au volant de son énorme 4x4, dont le pare-buffle impressionnant retrouve enfin sa fonction initiale, il prend sa revanche. Les kangourous, les dingos, les opossums, tout y passe. Surtout les opossums. Comme les Néo-Zélandais, les Australiens adorent écraser les proliférants opossums. Leur fourrure brunâtre, assez répugnante il faut le dire, est vendue dans tous les magasins de souvenirs, assortie de commentaires désobligeants contre l'animal. Parfois même, l'Australien tente d'écraser un des ces chevaux sauvages appelés *brumbies*, qui se sont multipliés dans l'outback depuis qu'ils y furent introduits par les colons au siècle dernier. Mais cette fois, il perd en général la manche, malgré le pare-buffle. Pour avoir vu une horde de superbes chevaux traverser la route au galop juste devant nous, surgissant de nulle part, nous imaginons bien que leur comportement imprévisible puisse susciter une certaine inquiétude chez le routier australien pressé de rallier Darwin avant la nuit. Faut-il pour autant les abattre d'hélicoptère, comme le font les Australiens, suscitant une réprobation internationale ?

Personnellement, nous préférons ralentir et regarder attentivement la route, plutôt que d'employer ces méthodes expéditives. C'est ainsi que nous avons découvert, à notre grande stupéfaction, que le centre de l'Australie était colonisé par les dromadaires. Sauvages.

Le premier panneau jaune signalant des traversées de dromadaires suscite une certaine incrédulité au sein de notre famille. Mais non, la sécurité routière ne s'est pas trompée : de grands animaux à bosse paissent bien en liberté à l'horizon. Grands cris d'exclamation émerveillés dans la voiture. De peur qu'ils ne s'enfuient, nous nous arrêtons à une distance plus que respectable. Descendons du véhicule avec mille précautions, avant de progresser à pas de loup vers eux, histoire d'immortaliser ce prodige : des dromadaires dans le désert australien ! En constatant le piètre résultat de mes tentatives de chasseuse d'images - les camélidés se résument à de vagues silhouettes indistinctes -, je décide de perfectionner mon approche. Plus près, un peu plus près, puis franchement tout près. Je suis à deux mètres de l'animal et pendant que je le mitraille, il me toise, indifférent.

Trois jours plus tard, blasés, nous ne regardons même plus les dromadaires, sauf quand l'homme de la famille, laissant libre cours à son talent méconnu de fantaisiste, arrête la voiture à leur hauteur pour leur demander son chemin, avec l'accent assez surprenant du bush. Une façon de faire oublier aux enfants qu'il reste encore quelques centaines de kilomètres de kangourous écrasés avant l'hôtel du soir. Les dromadaires tournent alors vers la voiture leur face énigmatique et, sans cesser leur lent mâchouillement, nous contemplent avec le plus profond mépris. Dans les rares endroits habités, on pourrait se croire en Camargue : des files de dromadaires déjà sellés attendent au bord de la route que le pigeon de touriste veuille bien sortir ses dollars. De solides gaillards le hissent alors, en short, sur l'animal impavide. Agrippé comme un noyé au pommeau d'une selle qui lui abrase les mollets, il tente héroïquement de rester digne face à une assistance goguenarde, tandis qu'on le brinquebale à deux mètres du sol, relié par une corde au prétendu « vaisseau du désert » qui le précède. Le touriste ne sait pas encore qu'il ne pourra pas sortir de son lit le lendemain, pour cause de dos en capilotade.

Les « chameaux », comme on les appelle ici, furent importés d'Arabie, de Chine et de Mongolie au XIXe siècle pour transporter le matériel nécessaire à la construction des chemins de fer et des lignes télégraphiques. Ils sont désormais un demi-million et l'Australie leur a déclaré la guerre. Comme elle a déclaré la guerre à tout le bestiaire introduit au fil des siècles, et qui prolifère aujourd'hui en toute impunité dans ses étendues sauvages, à la grande fureur des fermiers. 5 millions d'ânes, 23 millions de cochons sauvages, 300 000 chevaux, des dizaines de millions de lapins, de chats, de dingos, d'opossums et de kangourous...

Le peuple australien est aujourd'hui uni dans une même ferveur exterminatrice. Il hésite seulement sur la meilleure méthode pour parvenir à ses fins : poison, abattage massif au fusil automatique, élimination par la faim, après avoir cantonné les animaux dans des territoires cernés par d'infranchissables barrières ? Les indésirables n'ont qu'à bien se tenir. Cette fureur vengeresse a quelque chose de réjouissant lorsqu'on la compare à la sanctification écologique qui caractérise le reste du monde : l'Australie doit être le seul pays de culture occidentale dont la population ne voue pas aux animaux sauvages un véritable culte.

L'outback ne se résume pas à un étal de boucherie à ciel ouvert. Il est redevenu depuis peu le pays des Aborigènes. Non sans mal. Les premiers peuples de l'Australie ont été exilés loin de leurs terres ancestrales par ceux qu'ils qualifient de *piranpa* (non aborigènes). Le site sacré d'Uluru devint ainsi dans les années 1940 un parc national, qui était interdit d'accès à ceux qui l'occupaient depuis très longtemps (soixante mille ans !) avant l'arrivée des Européens : les Anangus. Après une longue bataille politique et juridique, la communauté anangu a enfin pu obtenir sa rétrocession en 1985. Désormais, elle gère conjointement avec les autorités australiennes le parc national de 1 300 kilomètres carrés. Il faut acquitter un droit d'entrée pour y pénétrer, seul moyen d'accéder au rocher ainsi qu'à un autre ensemble de monolithes situé à une quarantaine de kilomètres, les monts Olga, dont le nom aborigène est Kata Tjuta (l'assemblée des têtes). Les Olga sont plus hauts que le rocher solitaire, mais beaucoup moins connus, en dépit de leur saisissante perfection : c'est vers Uluru que convergent les visiteurs. Tout le monde ayant déjà au moins une fois vu en photo le rocher rouge, on pourrait penser qu'il est superflu de se rendre au milieu de nulle part, dans un désert nu, vide et hostile, pour le contempler. Pourtant, c'est seulement en s'approchant du monolithe le plus grand du monde que l'on peut mesurer sa majesté écrasante de géant pourpre, labouré de veines à vif et de stigmates sanglants. Gigantesque vague rouge surgie au cœur du désert, Uluru change de couleur à chaque heure du jour. Chaque nuage, dans le ciel bleu intense de l'intérieur australien, éveille en lui d'infinies variations. L'aube le colore en violet, le soleil ardent de la mi-journée en orange. Une averse y engendre mille fontaines, qui irriguent ses flancs labourés de fissures. Et le crépuscule le transfigure en une apothéose de vermillons. Il est impossible de décrire toute la beauté du dieu Uluru, véritable sanctuaire pour les Aborigènes anangus.

Les Anangus souhaitent que les visiteurs n'escaladent plus leur site sacré. Son ascension est vécue comme une profanation. Pourtant, le sentier très raide qui prend d'assaut les parois de grès est équipé de chaînes de cordée. Les mêmes pancartes qui expliquent pourquoi il ne faut pas grimper sur

Uluru prient les téméraires qui passeraient outre de bien vouloir emporter une casquette et suffisamment d'eau pour ne pas mourir déshydratés en chemin. Elles précisent aussi qu'il ne faut surtout pas chercher à rattraper cette casquette si par hasard les vents violents qui sévissent au sommet l'emportaient : chaque année, des grimpeurs trouvent la mort en basculant dans le vide. Les autorités du parc poussent la prévention jusqu'à interdire l'ascension lorsque la température dépasse 36 °C. Voilà pourquoi, malgré les mises en garde et la contrariété des Aborigènes, les flancs abrupts d'Uluru continuent d'être pris d'assaut par les touristes, même si leur nombre diminue d'année en année. Ils entreprennent l'ascension à leurs risques et périls. « Écoutez ! Si vous êtes blessé, ou que vous mourez, votre mère, votre père et votre famille pleureront beaucoup et nous serons très tristes nous aussi. Aussi pensez-y et restez en bas », avertit charitablement Barbara Tjikatu, « propriétaire anangu traditionnelle », sur le dépliant remis à l'entrée du parc. Au début des années 1980, avant que le site ne leur soit restitué, les Aborigènes se montraient moins délicats avec les profanateurs, et certains payèrent leur audace de leur vie. L'ascension d'Uluru était alors systématique. Aujourd'hui le ton est plus mesuré... mais l'avertissement plus explicite que jamais. La plupart des visiteurs se contentent de faire le tour du rocher (10 kilomètres de circonférence pour 348 mètres de hauteur au-dessus de la plaine), et surtout de se planter sagement aux endroits dûment fléchés pour admirer le soleil levant (premier parking) ou couchant (second parking). Des files de véhicules se serrent ainsi les uns à côté des autres au sein d'une immensité parfaitement déserte pour admirer de loin Uluru au crépuscule. Afin de surplomber la foule, la plupart des visiteurs s'installent sur le toit de leur voiture, ce qui explique pourquoi Ayers Rock doit être le seul endroit de la terre où les agences de location font signer à leurs clients l'engagement formel de ne pas monter *sur* leur voiture, formulaire qui nous avait plongés dans un abîme de perplexité.

Le nombre de visiteurs est tel qu'un immense complexe hôtelier, assorti d'un aéroport « dédié », comme on dit aujourd'hui, a été créé en plein désert pour héberger les touristes et les nourrir. Des nuées d'autocars se chargent de les emmener aux points névralgiques (soleil couchant, soleil levant), assortissant leur prestation du petit « plus » qui justifie une addition salée : coupe de champagne, dîner aux chandelles, promenade en dromadaire. À cinq dans notre voiture, refusant les cheminements balisés et surfréquentés, nous avons joui du crépuscule le plus flamboyant qu'il soit possible d'imaginer, seuls au pied du monolithe déserté, puisque tout le monde s'était regroupé sur le parking du *sunset.* Et puis, nous sommes tranquillement rentrés dans notre chambre – en prenant garde aux kangourous – pour nous préparer un immense plat de spaghettis au beurre, tandis qu'un froid coupant tombait sur le désert.

C'est à ce moment-là que notre fille aînée nous a annoncé qu'elle avait pris une décision irrévocable : elle ne mangerait plus jamais de viande.

Sur le moment, personne n'a vu d'inconvénient à cette résolution, dans laquelle l'abondance de pâtés d'animaux, servis hachés le long des routes, avait probablement joué un rôle capital. Nous n'avions pas encore compris que nous en payerions les conséquences pendant tout le reste de notre voyage. Partout, la question qui nous a taraudés n'était plus : où dormir ? où aller ? que visiter ? mais : que va bien pouvoir manger notre fille ? Plus de fast-foods, plus de grillades, plus de barbecues, plus de churrascarias, passe encore quand on peut se bricoler son steak de soja aux champignons chez soi. Mais nous n'étions pas chez nous. Nous étions en Australie, le pays de la viande.

Entrer dans un restaurant est devenu une épreuve, d'autant que, comme toutes les adolescentes, Ariane n'a pas fait les choses à moitié, bannissant, en même temps que la viande, le poisson, ce qui est assez logique, le lait (elle n'aime pas), la salade (elle déteste), le riz (qui ne la tente pas), le maïs et le soja (pas bon)... Bref, un végétarisme un peu particulier. Les choses sont donc devenues très compliquées. C'est typiquement le genre de décision qu'une ado peut vous balancer en plein milieu d'un tour du monde, sans souci des tracasseries qui vont suivre. Il a bien fallu faire avec.

4

Dans la nature « sauvage »

« Green Island est une île corallienne. Posée au beau milieu d'un magnifique lagon bleu turquoise [...]. Cadre paradisiaque, idéal pour les jeunes mariés. Notre avis : eau turquoise et sable blanc... un air de Polynésie ! »

Catalogue « Australie », Voyageurs du monde.

« Yes, nous prenons un bateau pour la Grande Barrière de... CORAIL !!! J'ai :
- une place pourrie dans le bateau ;
- ça sent mauvais ;
- le mal de mer.
C'est-à-dire un voyage super. »

Journal de bord d'Elsa, neuf ans.

Un voyage en Australie digne de ce nom ne se conçoit pas sans une visite à la Grande Barrière de corail. Comme l'Ayers Rock, la Grande Barrière de corail est un mythe. Le problème avec les mythes, c'est qu'il est difficile de s'en faire une idée concrète tant qu'on n'est pas sur place. Telle une apostrophe géante sur le croissant, la barrière s'allonge sur plus de deux mille kilomètres au nord-est de l'Australie. Comment visiter une apostrophe géante ? Nous nous imaginions naïvement qu'il suffisait d'arriver dans l'une des villes littorales, Cairns, Brisbane ou, pourquoi pas, Surfers Paradise, pour pouvoir plonger dans ce fameux « monde du silence » magnifié par le commandant Cousteau, puis réactualisé par Disney : Nemo, son poisson-clown, est devenu si mondialement célèbre que certains tentent désormais de quitter l'Australie avec de petits aquariums portatifs dissimulés dans leurs jupons.

Eh bien, pas du tout. Les grandes villes littorales australiennes sont des jungles de béton dressées le long de plages qui, bien qu'attirant un monde fou, ne cassent pas trois pattes à un canard. Il faut plus d'une heure de bateau rapide pour atteindre la Barrière. Sur la côte, la mer n'offre pas grand-chose aux touristes, mis à part les fameuses méduses mortelles. Cairns s'illustre même par une absence totale de plage : la ville se résume à une succession de boutiques de souvenirs et d'hôtels, surplombés par la statue géante du capitaine Cook. Dans tout le Pacifique Sud, un véritable culte est rendu à celui qui est considéré comme le « découvreur » des nombreuses terres annexées par l'Empire britannique à partir de la fin du XVIIIe siècle. Dans un sursaut prémonitoire, les autochtones, qui occupaient le terrain depuis environ soixante mille ans, se sont vengés préventivement de l'injustice historique qu'ils allaient subir en abattant le vaillant capitaine d'une flèche empoisonnée. Mais ce sacrifice fut inutile : l'information avait déjà été diffusée. Des milliers d'Européens débarquèrent par vagues sans cesse plus nombreuses pour prendre leur revanche sur les sauvages qui avaient osé résister à la diffusion des bienfaits de la civilisation.

Pâté quadrangulaire posé au bord d'une lagune boueuse et infestée de crocodiles, Cairns n'a pas grand-chose à offrir, mais la ville est le point de départ des excursions vers la Grande Barrière ou vers la forêt tropicale qui l'enserre. Comme il faut bien occuper les visiteurs avant et après, les autorités municipales ont eu l'idée géniale de bâtir un lagon artificiel en bord de mer, et ils l'ont équipé de *barbecues en accès libre*. Les jeunes *backpackers*, ceux qui voyagent sac au dos, convergent ainsi vers Cairns comme si la ville était le dernier Woodstock. Des poissons géants les y accueillent. Ils ont été confectionnés dans un acier brillant, du plus bel effet sur la piscine azurée du lagon, surtout en fin de journée, quand s'allument les projecteurs. C'est le moment où des milliers de perroquets vert et rouge (vrais ceux-là) s'abattent dans les palmiers en braillant et où les jeunes backpackers cuisinent leurs burgers en jouant du *didgeridoo*. Pour ceux qui ne connaîtraient pas le didgeridoo (nous, avant de débarquer en Australie), sachez qu'il s'agit d'un instrument de musique aborigène traditionnel : si les Aborigènes ont été parqués dans des réserves à l'intérieur du pays, leur artisanat fait recette. Cairns alterne en rangs serrés restaurants et boutiques de souvenirs aborigènes : didgeridoos, boomerangs, tableaux pointillistes, peaux de kangourous et de crocodiles… Comme le didgeridoo est initialement un très long tube de bois creux, évidé par les termites, dans lequel l'Aborigène souffle en arrachant des sons de corne de brume, il s'avère aussi encombrant qu'une contrebasse, assez peu commode d'utilisation, et très difficile à ranger dans une valise, surtout avec les contrôles sanitaires sourcilleux des douanes internationales. Toujours efficace et pragmatique, l'industrie internationale du tourisme fait donc fabriquer en Chine de petits didgeridoos miniatures, proprement évidés mécaniquement et joliment décorés de motifs pointillistes par les ouvrières des zones économiques spéciales. Ainsi le didgeridoo devient-il un instrument à portée de tous. En tout cas, quand il s'agit de le ranger dans la valise, car, pour en jouer, c'est une autre histoire, malgré les multiples stages d'initiation proposés dans toutes les boutiques de Cairns.

Autour du faux lagon, les jeunes backpackers qui ne sont pas en train de faire griller leurs saucisses sur les barbecues municipaux soufflent avec cœur dans leur didgeridoo, assaisonnant le tout de musique techno diffusée par de puissants haut-parleurs, dont les pulsations vibrantes coupent la chique aux perroquets. Les promeneurs, eux, ne paraissent pas impressionnés du tout. Ils déambulent le long du front de mer bétonné avec le sentiment d'être au cœur de l'aventure. Ils sont allés crapahuter dans la forêt dense, ils ont plongé dans la Grande Barrière, et ils conserveront de Cairns, malgré son insignifiance absolue, un souvenir extraordinaire.

À Cairns, les sports et les activités les plus incroyables sont possibles, qu'il s'agisse de canyoning, d'équitation, d'accrobranche, de pêche au gros ou de plongée sous-marine, mais le principe est chaque fois le même : vous achetez la prestation qui vous intéresse dans une des nombreuses échoppes installées le long de la fausse plage, où des sociétés rivales se battent en duel pour vous empêcher de profiter simplement du faux lagon, mais pratiquent étrangement toutes les mêmes prix. Le matin convenu, un autocar passe vous prendre à votre hôtel. Il est déjà rempli de Japonais. Il vous ramènera le soir au même endroit, tout simplement ravi d'avoir été délesté avec tant de savoir-faire de vos dollars australiens (mais les traveller's chèques, espèces, euros, dollars ou yens sont aussi acceptés).

Le chauffeur est un rude Aussie à la face rougie par l'air du bush, dont il a conservé le chapeau et les hautes chaussettes. D'une ponctualité parfaite, il arrive à la vitesse de l'éclair au volant de son autocar de tourisme, pile devant l'hôtel et embarque sans mollir nos trois enfants, avant de redémarrer tout aussi rapidement. Depuis le comptoir de la réception où nous avons cru pouvoir perdre une seconde à régler un problème technique lié à la logistique lourde d'un voyage en famille (demander si l'hôtel est équipé d'une laverie en libre-service), nous voyons le véhicule disparaître au loin avec le fruit de nos entrailles. Même dans une ville remplie de touristes aussi paumés que nous, qui oublient souvent qu'ici les voitures arrivent de la gauche, les chauffeurs australiens roulent à tombeau ouvert. On ne sait jamais : un opossum pourrait essayer de traverser la route. Connaissant notre progéniture, nous savons qu'elle est totalement absorbée dans une discussion de la première importance – confrontation des Pokémons, engueulade sur qui a réveillé les autres pendant la nuit en allant aux toilettes, ou peut-être même, dans le meilleur des cas, anticipations sur l'expédition fabuleuse qui s'annonce. L'un de nos descendants s'apercevra-t-il que les ancêtres ont été égarés ? J'ai un doute.

Sprint de dératés derrière le car, avec l'attirail de la journée brinquebalant sur le dos (maillots, serviettes, eau minérale, casquettes, produits solaires, aliments de survie, pull-overs et K-way au cas où le temps changerait, livres si quelqu'un s'ennuie... comme d'habitude, il manque juste les tringles à macaronis chères à Boris Vian). Dans les rues bondées de Cairns, nos hurlements et grands moulinets de bras font leur petit effet. D'ailleurs, au loin, le car vient de piquer du nez tant il a freiné brutalement. La porte avant s'ouvre. Un immense éclat de rire accueille notre arrivée essoufflée : quarante Japonais s'en donnent à cœur joie tandis que nous nous glissons dans le couloir central pour rejoindre nos trois Gremlins hilares. Le chauffeur semble, lui, plutôt confus. Finissant par remarquer qu'il se passait quelque chose d'anormal, l'aînée l'a hélé depuis l'arrière du car – où les enfants étaient allés s'asseoir, comme tous les enfants du monde : « *You forgot my parents !* » Le brave Aussie a alors réalisé qu'il venait de kidnapper trois mineurs non accompagnés.

Il existe à Cairns un terminal entièrement dédié aux expéditions vers la Grande Barrière. Les différentes compagnies qui exploitent le filon possèdent toutes le même style de vedettes rapides, absolument énormes. Elles peuvent embarquer en même temps des centaines de passagers, leur servir des collations variées (comme les Américains, les Australiens n'arrêtent pas de manger), tout en distribuant habilement de petits sacs en carton. Le personnel est particulièrement rompu à l'exercice : tandis qu'une première équipe bonimente pour vous inciter, dans la bonne humeur, à acheter le maximum de prestations supplémentaires (hélico, bateau à fond de verre, plongée extrême et autres trouvailles coûteuses), la seconde circule entre les travées, surveillant d'un œil expérimenté ceux qui ont cessé de sourire et sont en train de virer au verdâtre. Hop ! un petit sachet et le tour est joué, dans la plus parfaite discrétion. Ainsi les vomissures – fréquentes – n'achèvent pas de maculer une moquette déjà spongieuse et putride.

Un arrêt en cours de route dans l'île de Fitzroy permet d'embarquer d'autres candidats à l'aventure. Alors que la vedette paraît déjà bondée, ils se fondent miraculeusement dans la foule des passagers. J'en comprends la raison quand, sentant monter une nausée inquiétante, je me précipite à l'air libre – au passage, une hôtesse me tend charitablement mon petit sac en papier. Fuyant l'air conditionné et l'odeur de pieds en fermentation, la plupart des passagers se sont entassés sur le pont arrière, où ils tentent de survivre sans restituer à la mer l'intégralité de la collation tout juste acquise au bar.

L'île de Fitzroy est couverte d'une magnifique forêt tropicale, que les rangers locaux, dans une vision de l'écologie très australienne, sont en train de brûler avec des produits chimiques balancés d'hélicoptère, dans le but proclamé de restituer à l'île sa végétation première. Dans leur grande mansuétude, ils épargnent quelques enclaves où la faune locale est censée trouver refuge pour échapper aux flammes. Le touriste qui séjourne sur l'île est épargné de justesse, mais il a l'interdiction formelle de ramasser le moindre élément naturel (coquillage, fleur ou branche) sous peine de croupir le reste de son existence dans les prisons australiennes.

Enfin, la vedette parvient à une sorte d'immense casino flottant, perdu dans l'océan. La Grande Barrière de corail a beau avoir été inscrite au patrimoine mondial de l'humanité par l'Unesco, les autorités ont décidé d'en sacrifier quelques portions, concédées à des sociétés privées, pour permettre au capitalisme le plus pragmatique de s'épanouir sans complexe. Et ils ont sans doute eu raison, puisqu'une journée passée sur le récif suffit à muer les touristes en de féroces protecteurs de la huitième merveille du monde.

Tous les passagers débarquent dans le casino, qui se transforme très vite en un immense foutoir : prenant possession des sièges et des tables, chacun a posé partout ses sacs, ses serviettes, bref tout son barda, pour se précipiter sur les combinaisons de plongée. Les organisateurs ont su convaincre la quasi-totalité des passagers d'en louer (expérience faite, ils avaient raison : l'eau est glaciale). Leur professionnalisme est admirable : malgré le désordre, ils parviennent à équiper en un temps record à peu près tout le monde, du môme de deux ans à la mamie obèse, avec une tenue appropriée à sa taille et à son gabarit. Encore plus admirable, tout se passe dans la bonne humeur : grand mystère de la civilisation anglo-saxonne pour tout individu originaire d'un pays latin, personne ne cherche à éliminer son voisin pour s'approprier plus vite les indispensables auxiliaires de son aventure marine.

Quelques minutes plus tard, le casino est devenu ce qu'il était en réalité : une plate-forme de plongée, où des centaines de pingouins multicolores se dandinent. *La Marche de l'empereur* en direct, surtout pour ceux qui ont déjà mis leurs palmes et leur masque, après les avoir extirpés d'un alignement de bacs à glaçons géants. Les manchots cherchent malhabilement à gagner les passerelles métalliques qui permettent de descendre dans l'eau.

À ce stade, rien d'autre ne s'est encore passé qu'une succession de tâches matérielles fastidieuses. La dernière consiste à vérifier l'étanchéité du masque. Notre accompagnateur nous invite donc à glisser quelques secondes sous la ligne de flottaison. C'est alors que le miracle se produit.

À quelques centimètres de nos visages, un énorme poisson bleu turquoise nous examine avec intérêt. Jamais nous n'avons vu un poisson aussi gros, aussi chatoyant, aussi curieux. Même la petite dernière oublie d'avoir peur, tant elle est fascinée par cette rencontre avec ce bon gros géant débonnaire, qui tourne lentement autour d'elle. Par la suite, j'apprends qu'il s'agit d'un napoléon. Pesant presque un quintal, c'est le géant des lagons. Totalement pacifique, il se nourrit de crustacés et de mollusques. Sa bosse frontale et ses grosses lèvres charnues lui confèrent un profil curieux, un « mérou drag-queen », comme le résume Ariane.

Nous venons de pénétrer dans le plus incroyable, le plus magnifique, le plus impressionnant aquarium géant qu'il soit possible d'imaginer. La Grande Barrière de corail déploie ses fastes sous nos yeux avec une magnificence qui nous laisserait bouche bée si nous ne risquions pas d'absorber immédiatement des litres d'eau salée. Même nos spéculations les plus fantasmagoriques étaient loin de la réalité. Les poissons tropicaux aux livrées les plus incroyables, du rose fuchsia au jaune fluorescent, déambulent tranquillement sous nos yeux dans un ondoyant jardin multicolore. Qu'il s'agisse de la forme et de la variété des coraux – cervelles, champignons, choux-fleurs ou délicates arborescences –, de la délicatesse des anémones de mer ou de l'infinie diversité des créatures qui peuplent cette palette marine aux nuances extraordinaires, jamais, nulle part, nous n'avons vu pareil spectacle. Même l'homme de la famille est totalement hypnotisé, lui qui n'a jamais consenti à plonger jusqu'à présent et n'était cette fois-ci descendu dans l'eau que dans l'unique but de pouvoir protéger ses enfants (tous les pères de famille sont prêts à combattre à main nue un requin blanc dès qu'il s'agit de leurs enfants). Il va passer le reste de la journée à nager sans émerger une seule seconde, tandis que sa progéniture barbote en toute liberté au milieu de créatures aquatiques indéterminées.

Comme les autres visiteurs, nous avons oublié la traversée nauséeuse, la plate-forme inconfortable, l'enfilage fastidieux de la combinaison. Nous sommes seuls face à la plus merveilleuse expérience qui puisse exister. Sous l'eau, chaque membre de la famille essaie en vain de capter l'attention des autres, de peur qu'ils n'aient pas remarqué le poisson zébré, le bénitier géant aux lèvres bleues, la trompette jaune au long bec, et toutes les autres fabuleuses découvertes que l'océan déploie. En réalité, nous voyons tous la même chose, mais, faute de branchies, il est difficile de communiquer. Les organisateurs nous ont initiés au signe que tous les plongeurs emploient pour indiquer que tout va bien, pouce et index formant un cercle. Bien qu'ils nous aient dûment recommandé aussi de ne réserver les grands mouvements de bras qu'à un appel en perdition, nous passons notre temps à nous appeler mutuellement : « Viens voir ! Viens voir ! » Autour de la plate-forme de plongée, il y a tellement de nageurs éparpillés dans l'océan que je doute qu'une noyade puisse être repérée à temps.

En début d'après-midi, quand les visiteurs commencent à se lasser, le personnel jette dans l'océan de petits granulés. Ceux qui sont encore dans l'eau à ce moment-là se retrouvent littéralement engloutis dans une masse compacte d'animaux marins. Ils sont tellement nombreux, tellement avides, que la sensation en devient oppressante. Et si les poissons se trompaient d'appât ? Nous voulons supposer que les compagnies ont délimité leurs aires de plongée avec les filets de protection adéquats : il est anticapitaliste de tuer le client. Mais l'afflux de poissons fait redouter que ne surgisse des profondeurs le requin géant qui transformerait la gentille journée d'excursion en film d'horreur.

Contrairement à d'autres, nous ne nous éloignons pas beaucoup de la plate-forme. Les audacieux qui ont nagé vers les limites du récif, là où commencent les grandes profondeurs, reviennent avec la mine de ceux qui ont échappé au pire. Le touriste aime se faire peur. Le talent de ceux qui sont chargés de le divertir consiste à lui faire croire qu'il est un véritable aventurier, expérimentant au péril de sa vie des activités incroyables dans des lieux exceptionnels. Sans toutefois lui faire prendre le moindre risque.

En milieu d'après-midi, les organisateurs sonnent le rappel. Un à un, les nageurs sortent de l'eau, quittent à regret – et avec beaucoup de difficultés tant elle adhère à la peau – leur tenue de pingouin et se rhabillent à la hâte, en frissonnant de froid. Pas question cependant de regagner la vedette et ses boissons chaudes sans s'acquitter d'une formalité indispensable : contresigner la fiche de présence. Le bateau ne retournera pas à la côte tant que chacun, de la toute petite fille qui ne sait pas encore écrire au papy qui, après une rapide virée dans le bateau à fond de verre, a passé son après-midi à se faire dorer au soleil, n'a pas apposé personnellement sa griffe sur la liste des passagers. Après coup, nous apprendrons que des nageurs s'égarent, coulent ou disparaissent. C'est au moment de l'appel du soir, en comptant les présents, qu'on réalise leur disparition. Sympa. Nous comprenons mieux pourquoi nous avons dû signer une décharge avant d'embarquer. Le risque fait, semble-t-il, partie des plaisirs australiens.

Quand la vedette s'éloigne – soulagement, ce jour-là, personne ne manque à l'appel –, la plate-forme ressemble à une cité d'urgence : elle est jonchée de combinaisons jetées par terre, de palmes emmêlées, de masques à rincer. Les poubelles débordent d'emballages en carton et de gobelets de plastique. Quel contraste avec le pont impeccable que nous avons trouvé ce matin en arrivant ! J'imagine que les employés de la compagnie reviennent lorsque le dernier touriste a disparu à l'horizon pour tout astiquer, tout nettoyer, passer le matériel de plongée à l'eau douce. Avant que ne déferle le lendemain une nouvelle horde de candidats à la Grande Barrière, qui ne peuvent même pas imaginer, avant de l'avoir vécue, combien leur expérience va les métamorphoser. Personne d'autre que nous ne part plus convaincu de la nécessité de lutter contre le réchauffement climatique, la pollution, la pêche intensive, ces trois grands dangers qui dévastent les récifs coralliens et les font blanchir. Nous avons pris conscience de la fragilité de cet immense organisme vivant de deux mille kilomètres de long. La petite n'a plus du tout envie de prélever un de ses précieux habitants pour tenter de l'emporter dans un sachet en plastique. Jamais nous n'achèterons de coraux à ces vendeurs de plage à la sauvette qui, partout dans le monde tropical, tentent de faire croire aux touristes que leur prélèvement n'a aucune incidence sur l'équilibre marin. Nous comprenons mieux, désormais, la détermination des Australiens à préserver leur fabuleux trésor. Sacrifier quelques portions très limitées de la Grande Barrière à la découverte touristique représente le meilleur moyen de protéger le reste. Chaque jour, des centaines de personnes repartent pénétrées de la justesse du combat écologique.

Justement, notre initiation n'est pas terminée. Nous devons le lendemain séjourner sur Green Island, une petite île à une vingtaine de kilomètres de Cairns, censée nous permettre de « parachever en beauté notre séjour australien ». Je reprends la formule d'Alice, dont les yeux pétillaient d'étoiles lorsqu'elle nous a convaincus de passer un peu de temps sur l'île Verte. Elle en revenait tout juste et, à l'en croire, un séjour paradisiaque nous y attendait.

C'est, au terminal d'embarquement des croisières, une autre navette qui conduit à Green Island. Un immense catamaran, qui plane sur l'océan en projetant d'immenses gerbes d'écume, rendant moins impérieux le recours aux sacs en papier. L'arrivée sur Green Island, atoll corallien baigné d'une mer bleu turquoise, est grandiose. Sous le long ponton d'accostage, évoluent d'impressionnantes créatures marines. Nous voici dans un parc naturel sévèrement protégé (ici aussi, quiconque ose ramasser un os de seiche est puni de mort). Par un miracle inexplicable étant donné l'heure matinale, des centaines de Japonais parcourent déjà l'île pour admirer la nature « sauvage », remarquablement desservie par un réseau de passerelles en bois, agrémentées de panneaux explicatifs indispensables (« Ici une toile d'araignée »). Malgré l'affluence, la forêt et les plages sont impeccablement propres. J'essaie d'imaginer comment évoluerait l'île si une escouade de Français et d'Africains se baladaient dans ses chemins, en lieu et place des respectueux Nippons.

Comme toujours, le parc n'est naturel que jusqu'à un certain point. Là comme ailleurs, tout est mis en œuvre pour vider les porte-monnaie, à commencer par les sempiternelles boutiques de bouffe, devant lesquelles serpente une queue nourrie (ou en passe de l'être). Munis de plateaux-repas, les estivants prennent ensuite place autour de tables dont les parasols paraissent plutôt surprenants, étant donné l'épaisse frondaison. J'en comprends l'utilité en constatant que les arbres sont envahis de volatiles. Les pique-niqueurs sont littéralement assaillis par une horde de parasites à plumes. Pas les traditionnels pigeons, moineaux et autres piafs plutôt inoffensifs. Ici, les oiseaux sont de taille plus que respectable. Il y a même des hérons. Après avoir vu avec surprise des ibis, l'oiseau sacré des Égyptiens, quémander leur pitance dans les parcs de Sydney, c'est la première fois que je suis *importunée* par un héron. Tous les animaux sauvages évoluent ainsi lorsque l'homme leur fournit régulièrement leur pitance. Les ibis prolifèrent désormais dans l'ouest de la France, les ours fouillent dans les poubelles au Canada, et c'est tout juste si les touristes qui dépensent une fortune pour découvrir la faune des parcs kenyans ne marchent pas sur la queue d'un lion endormi. Ce qui ne signifie pas que le lion n'est pas capable de leur arracher la tête s'il se sent dérangé.

À Green Island, ce sont les pancartes qui sont agressives : elles avertissent les pique-niqueurs qu'ils seront immédiatement sanctionnés d'une amende au montant prohibitif s'ils osent nourrir les oiseaux. Du coup, les gentils touristes japonais font semblant d'ignorer que des quémandeurs à plumes plantent quasiment leur long bec dans leurs hamburgers. Seules quelques grands-mères rebelles, estimant avoir dépassé l'âge de se laisser intimider (à moins qu'elles n'aient oublié leurs lunettes), outrepassent l'interdit avec une délectation visible : leurs plateaux-repas sont littéralement recouverts de volatiles.

Dès qu'une table se libère, les hérons s'abattent férocement sur les frites au ketchup et sifflent le Coca dans les gobelets en plastique. Affrontements sans merci, furieux coups de becs, grand éclaboussement de plumes, de papiers d'emballages et de gobelets renversés. Le paysage idyllique vire au gore, évoquant irrésistiblement le film bien connu d'Hitchkock. C'est alors qu'entrent en scène d'impitoyables serveuses. Leur fonction principale semble être de frustrer les vautours miniatures en allant déverser les reliefs convoités dans des sacs-poubelles étanches. Pleine de compassion, Elsa laisse tomber une miette de pain, ce qui lui vaut immédiatement une remontrance culpabilisante d'une des cerbères de la cause héronesque : « Tu vas les rendre malades. S'ils meurent, ce sera ta faute. »

Je rassure ma fille traumatisée et décide de la soustraire à ce spectacle insoutenable. Un « Marineland mélanésien » (c'est son nom) occupe une partie de la minuscule île. Il est difficile d'ignorer son existence car des télévisions installées sous les frondaisons diffusent en boucle un film de propagande où des crocodiles jaillissent de l'eau pour s'emparer de morceaux de viande sanguinolente, préparant ainsi ceux qui patientent devant les restaurants à passer commande.

C'est un certain J. Craig qui a monté le Marineland, nom bien prétentieux pour quelques minuscules enclos vaseux où les crocodiles semblent s'ennuyer ferme en surveillant du coin de l'œil les visiteurs. Le qualificatif de « mélanésien » s'explique par un capharnaüm de statues anciennes de toutes origines (y compris dogons !) que Craig a dû collecter à une époque où elles n'étaient pas encore sévèrement protégées par les autorités nationales. Sorte de Crocodile Dundee local, l'homme exhibe la prise qui fait sa fierté : Cassius.

Cassius est le plus vieux et le plus gros saltie vivant en captivité du monde. Près de six mètres de long et un siècle au compteur. Du centenaire, nous ne voyons que l'énorme gueule émergeant des lentilles d'eau, mais elle nous donne déjà une idée assez précise de son charmant tempérament. Comme l'avaient promis les films de promotion, le repas des sauriens est décoiffant. Les crocodiles jaillissent de l'eau comme des fusées pour attraper des poulets, heureusement déjà passés à trépas. Je n'aurais pas aimé infliger aux enfants l'horrible spectacle auquel j'ai assisté à Yamoussoukro, la nouvelle capitale de Côte-d'Ivoire. Autour du palais construit par l'ancien président du pays, Félix Houphouët-Boigny, un lac grouille de gigantesques crocodiles sacrés. Le caïman était le totem de celui qu'on appelait « le vieux sage de l'Afrique », jusqu'à ce que ses opposants parviennent à écorner la légende du dictateur bienveillant. Personne ne sait combien de dissidents les crocos ont pu discrètement boulotter, mais ils ont acquis au fil des ans une taille plus que respectable. Le lac est rempli de Cassius en liberté. Un gardien les nourrit de poulets vivants, que les sauriens, étonnamment agiles, happent au vol dans un féroce claquement des mâchoires.

À Green Island, les volatiles sont morts et découpés en morceaux. Il semble que ce ne soit pas des hérons morts d'indigestion, mais des gallinacés, que les employés du parc tendent, embrochés au bout d'une interminable pique, aux charmantes bestioles. Chaque fois qu'un crocodile jaillit, un atroce remugle d'eau croupie nous saisit les narines. Nous mettons fin à la visite, non sans qu'Elsa et Romain aient eu l'immense fierté de tenir eux-mêmes entre leurs bras un petit saurien. Le museau du pauvre animal a été préalablement neutralisé au moyen d'un scotch transparent, invisible sur les photos souvenirs, et il passe de visiteur en visiteur comme un trophée. On sent qu'il rêve de prendre sa revanche sur cette humiliation dès qu'il aura atteint l'âge de traiter le touriste comme un poulet.

Green Island est donc un parc naturel assez particulier. À tous les coins de palmiers, les touristes sont appelés à faire preuve de la plus haute conscience écologique. Beaucoup de touristes : le consortium japonais qui exploite l'île l'a dotée d'un héliport et d'un hôtel de luxe, où, comme partout en Australie, la climatisation est poussée au maximum dans des chambres éclairées comme des stades de football. Les charmants hôtes nippons qui viennent y passer leur lune de miel sont priés de se doucher avec modération et de bien vouloir réutiliser leurs serviettes. Il s'agit d'économiser l'eau douce avec laquelle les employés passent pourtant au karcher les parties communes.

À cinq heures du soir, l'île se vide de ses visiteurs qui réembarquent tous sur les bateaux et les hélicos à destination du continent. Nous restons presque seuls, avec le sentiment d'avoir été pris en otages dans ce paradis artificiel où il nous faut passer la nuit. Surplombant les allées désertées, les hérons surveillent nos allées et venues avec tous leurs copains, visiblement prêts à se venger de leur mise au régime forcé.

Après un repas que nous prenons emmitouflés jusqu'aux oreilles pour ne pas succomber à la climatisation, nous regagnons nos chambres, vaguement inquiets de devoir ainsi dormir au milieu de nulle part. Pourvu que Crocodile Dundee ne laisse pas ses protégés se détendre les papattes en liberté. Le père Cassius, surtout, a l'air d'avoir des comptes sérieux à régler avec l'humanité.

Vers trois heures du matin, tandis que nous sommes tous plongés dans un profond sommeil, l'alarme incendie se déchaîne au-dessus de notre tête. Comme dans tous les hôtels du monde anglo-saxon, il faut s'habituer à dormir sous les yeux clignotants, rouges ou verts, des détecteurs de fumée. C'est une mesure de sécurité utile, qui évite bien des drames. Si ce n'est, et je l'ai constaté plus d'une fois à mes dépens, que comme les alarmes de voiture, les sirènes d'incendie aiment se déclencher sans raison. Et leur hurlement tonitruant qui vous vrille les oreilles suscite immédiatement un sentiment de culpabilité, comme l'ampoule qui éclate quand on vient d'entrer dans une pièce (« j'ai dû actionner trop brutalement l'interrupteur »). Nous voici, le cœur battant, jetés en dehors de la chambre par la stridence infernale.

Mes pressentiments se voient confirmés : personne, absolument personne, ne surgit de la nuit pour s'enquérir du problème. L'alarme s'époumone dans une indifférence sidérale.

Après un temps indéterminé, un employé ensommeillé finit par émerger et, bien sûr, sa première réaction est de nous regarder d'un air soupçonneux. Nous ne devons pas avoir l'air bien net, effectivement, en pyjamas, avec la mine chiffonnée de ceux qui ont été arrachés à un sommeil cataleptique. C'est le problème des alarmes incendie : celui chez qui elles se déclenchent est forcément coupable.

Finalement, l'employé consent à reconnaître que la cause du problème vient du système de climatisation. Par quel miracle, je n'en sais rien, mais l'heure n'est pas à faire de la mécanique. Sauf pour l'employé qui semble à présent bien réveillé. « Ne vous inquiétez pas, je vais réparer tout ça », nous rassure-t-il, avant de grimper sur notre lit (avec ses chaussures) pour dévisser le machin. Après une âpre négociation, l'homme consent finalement à se retirer, emportant avec lui l'objet du délit. Sommes-nous vraiment certains de ne pas souhaiter qu'il revienne illico la réinstaller dès qu'elle sera réparée ? Absolument certains. Quand il disparaît enfin dans la nuit, c'est tout juste si nous n'avons pas dû signer une décharge. Nous nous consolons en pensant que si un incendie se déclare, nous serons grillés sans avoir eu préalablement les tympans déchirés.

Grand soulagement le lendemain matin quand il est enfin l'heure de reprendre le catamaran pour fuir l'île du docteur Moreau. Par acquit de conscience géographique, je me renseigne sur notre parc naturel. L'eau douce utilisée sur Green Island provient d'une unité de désalinisation de l'eau de mer, et elle est recyclée une seconde fois pour les lessives, les toilettes et l'arrosage. Le coût de l'opération atteint des montants pharaoniques, bien supérieurs à la solution précédemment employée, qui consistait à faire venir l'eau par barge depuis le continent, situé à vingt-sept kilomètres. J'apprends aussi que chaque touriste consomme en moyenne soixante-dix litres d'eau par jour, consommation qui a cependant baissé depuis l'intense politique de « conscientisation » mise en place par les autorités du parc. Salaud de gaspilleur de touriste... Mais pourquoi aussi avoir bâti sur l'île un complexe hôtelier ?

En réalité, Green Island n'a rien d'un parc « naturel », contrairement à ce qu'elle proclame : « découverte » par le sempiternel capitaine Cook au XVIIIe siècle, alors qu'elle était depuis toujours utilisée par les Aborigènes pour chasser, pêcher et procéder à des cérémonies sacrées, l'île est devenue au XIXe siècle une station d'élevage de concombres de mer (ces infâmes boudins noirs nommés holothuries, si prisés dans la cuisine asiatique), puis elle a été plantée de cocotiers pour les besoins des marins, qui avaient coutume d'y faire escale. Au début des années 1930, la voici qui subit une nouvelle avanie : on arase entièrement son corail pour y planter des champs de canne à sucre. Épilogue surprenant après une histoire si mouvementée, elle est finalement déclarée sanctuaire naturel (!) en 1934. L'île est alors entièrement revégétalisée avec des espèces endémiques et les touristes commencent à y affluer. Le premier bateau à fond de verre du monde y aurait été mis en service, en 1937.

Le paysage que nous avons sous les yeux est donc totalement artificiel. Il a été recréé pour donner l'illusion d'une forêt tropicale humide. Évidemment, personne ne raconte aux respectueux visiteurs les actions toujours très intrusives qui ont modifié radicalement la physionomie de l'île depuis que Cook y accosta. Ils sont loin d'imaginer qu'ils déambulent dans un empilement d'héritages, où l'action humaine a été déterminante. Le parc « naturel » de Green Island n'a rien de naturel. Notre éden tropical a été recréé pour donner l'illusion du paradis exotique.

Avant de quitter l'île pour toujours – après avoir abandonné au consortium une facture qui devrait lui permettre d'installer une seconde unité de désalinisation –, je commets un terrible sacrilège : celui de ramasser discrètement sur la plage un minuscule coquillage blanc (depuis longtemps déserté par son titulaire, je le précise). Je le dissimule dans ma poche avec le sentiment d'être en train de trafiquer de la cocaïne. Après toutes les péripéties qu'a connues Green Island au cours de sa très longue vie, je suppose qu'elle est en mesure de survivre à ce scandaleux prélèvement.

5

Tribus « authentiques »...

« Lorsque je vécus pour la première fois avec les Aborigènes du désert à Lajamanu, je fus frappée par l'étrange actualité de leur mode de pensée traditionnel au regard du développement de l'intelligence artificielle : cette collusion me fit titrer un article de 1983 : "Les tribus du rêve cybernétique". La perception aborigène de la mémoire comme espace-temps virtuel et leur manière de projeter les savoirs sur un réseau géographique à la fois physique et imaginaire allaient de fait entrer en écho avec les programmes en réseaux et en hyperliens des premiers ordinateurs, encore balbutiants à l'époque. »

Barbara Glowczewski, Le Nouvel Observateur, 11 août 2005.

Curieux comme les premiers habitants du Nouveau Monde se sont retrouvés partout cantonnés aux territoires de l'intérieur, qui n'intéressaient personne jusqu'à ce que le tourisme leur ouvre un avenir. Et des revenus. En Nouvelle-Zélande, Rotorua, la « ville fumante », est le cœur du pays maori. Tout comme Alice Springs, dans le centre aride de l'Australie, peut être considéré aujourd'hui comme « la » ville aborigène du pays. Comme par hasard, les territoires des *natives* – comme on appelle aujourd'hui, dans le monde anglo-saxon, les premiers occupants des terres conquises par les colons européens – vivent dans des espaces longtemps considérés comme hostiles et sans intérêt par les Européens. Les Blancs se sont installés sur les littoraux après en avoir chassé ou éliminé les autochtones. Ils y ont construit d'immenses villes portuaires, tournées vers le grand large, vers les échanges avec les anciennes métropoles. Comme aux États-Unis, les quelques natives qui ont survécu aux massacres, aux maladies, à la faim, et à l'humiliation d'être traités comme des objets méprisables et dépourvus d'âme, ont été repoussés vers l'intérieur semi-aride, parqués dans des réserves cernées de barbelés. À croire que les Maoris et les Aborigènes n'avaient aucune vocation maritime, eux qui, pourtant, avaient parcouru des milliers de kilomètres sur leurs pirogues pour coloniser, avant tout le monde, de lointains finistères.

Les Aborigènes qu'on voit dans les rues d'Alice Springs font pitié. Pieds nus, en haillons, obèses, ils errent avec l'air complètement paumé de ceux qui ont perdu tout repère. Il paraît qu'ils ne sont pas représentatifs, que beaucoup d'Aborigènes se sont aujourd'hui intégrés dans la nation australienne. L'explication ne paraît guère convaincante lorsqu'on constate l'absence quasi totale des natives dans la vie quotidienne, hormis sous l'angle du folklore : certes, de nombreuses boutiques vendent aux touristes des instruments aborigènes, tels les didgeridoos ou les boomerangs. Certes, on trouve partout des nappes, des sets de table, des cahiers et des calendriers décorés de ces motifs pointillistes qui caractérisent l'art aborigène, tel qu'il est aujourd'hui identifié et reconnu. Mais, en dehors des réserves, on ne voit pratiquement jamais d'Aborigène qui occupe un emploi « normal ». Partout, ce sont de bons Australiens blancs, souvent assez bruts de décoffrage, qui n'ont pas l'air du tout d'avoir envie de partager leurs jobs avec leurs bougnouls nationaux. Pas d'Aborigènes dans le personnel hôtelier, pas d'Aborigènes dans les emplois de service, les supermarchés, les stations-service, le personnel des aéroports, même affectés à des tâches peu qualifiées comme la manutention. Alors que les Maoris sont omniprésents au sein de la civilisation néo-zélandaise (dès l'aéroport d'Auckland, porte d'entrée du pays, les voyageurs sont accueillis par leurs mâts totémiques) et qu'ils se battent sur le plan politique pour faire entendre leurs revendications, possédant leur propre parti et leurs députés, les Aborigènes semblent avoir été laminés, physiquement et mentalement.

La nation australienne porte toujours le péché originel du génocide aborigène, elle qui, bien que devenue indépendante en 1902, a attendu plus d'un demi-siècle pour leur accorder la citoyenneté : les Aborigènes n'ont obtenu le droit de vote qu'en 1967 ! Ils ont dû encore patienter un quart de siècle (1993) pour que les droits fonciers des communautés sur leurs territoires ancestraux commencent enfin à être examinés, timidement et à reculons, à coups d'actions en justice obstinées. Jusque-là, la fiction communément admise était que les colons avaient pris possession de *terra nullius*, de terres qui n'appartenaient à personne. Alors que les Aborigènes occupaient l'Australie depuis soixante mille ans ! Pendant les deux cents premières années de l'occupation européenne, c'est-à-dire presque jusqu'à aujourd'hui, ils ont vécu au sein de leur propre pays comme des passagers clandestins, massacrés, méprisés. Parqués dans des réserves misérables, où les autorités venaient leur arracher leurs enfants, espérant les « blanchir » en les confiant à de bonnes familles australiennes WASP *(White Anglo-Saxon Protestant).* L'élimination était le seul programme aborigène de l'Australie. Dans *Le Chemin de la liberté*, film australien sorti en 2002, le réalisateur Phillip Noyce met en scène l'épopée tragique de trois petites filles de cette *stolen generation* qui tentent vainement de retrouver leur mère en parcourant près de mille kilomètres à travers le bush.

Aujourd'hui, les choses semblent très lentement en train de changer. L'Australie est passée du temps du déni à celui de la culpabilité. Mais une culpabilité réticente, comme si c'était l'impossibilité de persister dans le crime qui motivait les réformes en cours. Beaucoup d'Australiens continuent en privé à considérer les Aborigènes comme des parasites, des alcooliques et des incapables, qui vivent aux crochets des services sociaux. Effectivement, la plupart d'entre eux perçoivent des allocations gouvernementales : elles leur permettent de survivre malgré le fait que personne ne leur offre de travail. Effectivement, certains d'entre eux ont sombré dans l'alcoolisme : les paradis artificiels ont toujours offert un refuge apaisant à ceux qui n'ont pas d'avenir terrestre.

Les Australiens se comportent vis-à-vis de leurs Aborigènes comme les sociétés occidentales envers leurs handicapés : avec un mélange de gêne et de compassion. Ils mettent mal à l'aise, mais on essaie de les considérer avec bienveillance et on encense leurs talents, comme s'ils étaient plus admirables encore du fait d'une supposée infirmité. Au lieu de les considérer comme des interlocuteurs à part entière et de les traiter sur un pied d'égalité, on leur réserve un statut à part. Et comme les Australiens ont à la fois peur de leurs Aborigènes et un peu honte, ils le masquent en portant aux nues leurs créations artistiques et en affectant un respect exagéré pour des sites sacrés dont ils viennent tout juste d'admettre l'existence. Cela ne les empêche nullement de nier l'histoire de leurs natives avec la plus parfaite bonne conscience : le discours officiel, que se sont réapproprié les Aborigènes, veut que le temps d'avant la colonisation européenne soit le *dream time*, le « temps du rêve ». L'histoire des Aborigènes ne commencerait qu'avec l'arrivée des Blancs, tout ce qui précède étant rejeté dans les limbes de l'atemporalité, le temps du mythe. L'Afrique subsaharienne a eu droit au même traitement, jusqu'à ce que les historiens africains s'emparent de leur passé pour le faire connaître et le réhabiliter.

Pourtant, l'histoire des Aborigènes australiens est infiniment ancienne, et leurs traits communs avec les civilisations de Papouasie-Nouvelle-Guinée mériteraient des études poussées : quand sont-ils arrivés ? comment ? combien de peuples ? où ? Mais l'histoire australienne ayant été jusqu'ici écrite par des Blancs, la notion de *dream time* permet d'englober une méconnaissance globale et un désintérêt profond dans une sorte de flou sympathique. Elle est l'équivalent psychologique de celle de *terra nullius* sur le plan foncier : les Aborigènes n'existent pas avant l'arrivée des Européens.

Alors, comme les Dogons en Afrique, ils se sont approprié le mythe et cultivent une sorte de folklore figé, caricaturé et synthétisé à l'intention des touristes : les lieux sacrés, les animaux sacrés, les cérémonies sacrées... Les ethnologues parent ce digest, recomposé par le regard extérieur, des beaux noms de totémisme et de chamanisme et tombent dans l'excès inverse, qui consiste à faire des Aborigènes une sorte de peuple surdoué, presque extraterrestre, qui a su décoder avant tout le monde les lois les plus élaborées des sciences physiques. « Les tribus du rêve cybernétique », comme l'écrit Barbara Glowczewski auteur de *Rêves en colère, avec les Aborigènes australiens* (Plon, 2004). Les Australiens, qui ont enfin rétrocédé Uluru et les Kata Tjuta, s'inclinent avec bienveillance devant cette fiction qui leur donne l'illusion d'une réhabilitation vertueuse. Ils recommandent chaleureusement la visite du centre culturel aborigène au pied du rocher rouge – où les cars font désormais une escale obligée pour pallier la désaffection des visiteurs individuels. Ils exhortent les visiteurs à effectuer le tour du rocher en compagnie de guides « traditionnels », pour se faire expliquer les sites sacrés. Le touriste peut même pousser la bonne volonté jusqu'à visiter un village « aborigène », comme au début du siècle dernier, en Europe, on visitait des zoos humains. Il aura peut-être la satisfaction de voir une femme aborigène exécuter un opossum en lui fracassant la tête contre un rocher après l'avoir fait tournoyer par la queue, preuve qu'après tout, les Aborigènes et les Australiens appartiennent bien à la même nation.

Tout comme les jeunes Néo-Zélandais accordent désormais aux tatouages rituels un intérêt nouveau, les jeunes Australiens s'initient au didgeridoo, dont ils agrémentent les sons plutôt austères par de la musique techno. La mondialisation permet ainsi de faire ressurgir des cultures anciennes en voie de disparition et de les voir revivre, même si c'est en les caricaturant à travers quelques signes de reconnaissance dûment estampillés. Mais elle reste soigneusement cantonnée dans les lieux et les secteurs où elle ne remet pas en question le modèle dominant du libéralisme blanc. Pas de culture aborigène dans les grandes villes du littoral, sinon dans quelques musées. On lui concède tout juste de rares noms de lieux : pour trois cents rues, ponts, universités, places du nom de Macquarie, l'un des premiers gouverneurs australiens, un seul quai Woolloomoollo. D'accord pour l'exotisme, mais pas entre gens sérieux. Et pas là où on bosse, dans le pays « utile », qui se résume aux côtes, à la façade orientale, où se concentre l'activité économique moderne. Les Aborigènes ont droit à l'intérieur désertique, qui n'intéresse personne en dehors de l'étroit sillon de la track. La partie moderne, apprivoisée, de l'outback reste minuscule, et il est formellement déconseillé aux Aussies pur sucre de s'aventurer dans les immenses étendues du bush, à moins de manifester des tendances suicidaires. Ce pays-là est tout juste bon pour les Aborigènes.

Les Maoris s'en tirent mieux. Certes, comme les Aborigènes en Australie, ils sont sur-représentés dans la population carcérale et très largement au chômage. *L'Âme des guerriers*, le roman d'Alan Duff, met en scène leurs problèmes sociaux dans la banlieue d'Auckland : enfants livrés à eux-mêmes, drames de l'alcoolisme, violences familiales et urbaines. Mais, contrairement à ce qui se passe en Australie, la plupart des noms néo-zélandais sont d'origine maorie, indice d'une symbiose plus poussée entre les natives et les autres (que les Maoris continuent de désigner sous le vocable générique de *pakehas*, « les étrangers »). Les Néo-Zélandais aiment ainsi appeler leur pays de son nom maori : Aotearoa, ce qui signifie « le pays du long nuage blanc ». Ils aiment exécuter le haka, même s'ils ne poussent pas le mimétisme jusqu'à pratiquer le baiser maori, nez contre nez.

Les natives néo-zélandais semblent beaucoup mieux intégrés que leurs homologues australiens : ils occupent de nombreux emplois, certes souvent sous-qualifiés, mais au moins travaillent-ils. Ils consomment aussi, et sont présents dans les restaurants, non seulement comme serveurs, mais aussi en tant que clients. Des clients aisément reconnaissables à leurs traits polynésiens, hommes tout en muscles, souvent imposants et portant le catogan, femmes dont la tendance à l'obésité s'accentue avec les années, ce qui ne leur enlève pas pour autant une certaine élégance. Auckland, qui regroupe la majorité des quelque cent mille Maoris du pays, est ainsi la plus grande ville polynésienne du Pacifique.

Lors de notre passage en Nouvelle-Zélande, la campagne électorale bat son plein. Le parti maori, qui a sept représentants directs au Parlement (sur cent vingt députés), est conscient que ses prises de position sont susceptibles de jouer en faveur de l'un ou l'autre des deux grandes formations politiques en lice. Il exige que les fonctionnaires néo-zélandais apprennent le maori et que soit enfin appliqué le traité de Waitangi, qui reste aujourd'hui encore la principale pomme de discorde entre pakehas et Maoris, bien qu'il date de... 1840 ! La colonisation du « pays du long nuage blanc » par la Grande-Bretagne a en effet commencé sur un malentendu. Au début du XIXe siècle, les premiers Britanniques commencent à s'installer sur les côtes néo-zélandaises pour chasser le phoque et la baleine. Ce sont pour la plupart des aventuriers sans scrupules, qui apportent dans leurs soutes l'alcool, les mousquets, la prostitution et les maladies vénériennes. Chargés de représenter la loi, les missionnaires chrétiens s'alarment de la dégradation des rapports entre les colons et les tribus maories. Ils rédigent un accord censé les protéger dans leurs relations avec la Grande-Bretagne. C'est le fameux traité de Waitangi, du nom d'une petite ville de l'île du Nord. Il est signé le 6 février 1840 entre les chefs maoris et les représentants de la Couronne. Les Maoris font confiance aux missionnaires ; ils sont persuadés que le texte (qu'ils ne comprennent pas car il est rédigé en anglais) les protège contre la spoliation de leurs territoires : comme les Aborigènes ou les Africains, les Maoris ignorent le concept de propriété privée et permanente de leurs terres. Mais la première conséquence de ce traité est de consacrer l'annexion formelle de Aotearoa par la Grande-Bretagne : dès l'année suivante, trois mille colons débarquent. Les conflits fonciers se multiplient, donnant lieu à de violents affrontements entre Maoris et pakehas. La Grande-Bretagne ne ratifiera jamais le traité de Waitangi, et les garanties qu'il accordait aux Maoris en échange de leur allégeance ne furent jamais respectées. Pour les natives, c'est le début d'une lente et régulière dépossession, qu'accentuent le développement de l'élevage bovin et ovin, la découverte de gisements d'or et l'exploitation massive de la résine du kauri, le conifère symbole de la Nouvelle-Zélande (qui servait à fabriquer des vernis jusqu'à ce qu'on la remplace par des produits de synthèse).

À la fin du XIXe siècle, la prospérité du pays bute sur une grave crise économique, qui suscite une paupérisation brutale de la population. La Nouvelle-Zélande devient alors un véritable laboratoire social, modèle pour le reste du monde : l'instruction laïque et obligatoire est instituée pour tous, puis le suffrage universel est accordé à tous les hommes, pakehas et Maoris confondus. Quatre ans après, en 1893, le droit de vote est étendu aux femmes, plus d'un demi-siècle avant qu'il ne soit accordé aux Françaises ! La Nouvelle-Zélande est le premier pays au monde à prendre une telle mesure, à la grande joie des suffragettes. Elle ne s'arrête pas en chemin : des pensions de retraite sont mises en place pour tous les travailleurs âgés, à une époque où Jack London décrit dans *Le Peuple d'en bas* la misère infâme des prolétaires londoniens. La crise de 1929 a pour conséquence de renforcer encore le système de couverture sociale et de santé publique. En 1947, le pays obtient son indépendance, mais il vit toujours de ses relations avec l'ancienne métropole, vers laquelle se dirigent les trois quarts de ses exportations.

L'entrée de la Grande-Bretagne dans le Marché commun, en 1973, brise brutalement cette confortable dépendance. Une grave crise économique frappe le pays. Elle remet en cause les acquis sociaux et suscite un chômage massif, dont les Maoris sont les premiers à souffrir. Après quelques années difficiles, la Nouvelle-Zélande se réoriente vers l'Asie orientale, tandis que le discours libéral gagne du terrain. Aujourd'hui, l'économie néo-zélandaise est de nouveau prospère (même si elle reste essentiellement agricole), mais les Maoris continuent de souffrir de discriminations dans l'accès au marché du travail et du logement. Ils ont payé un lourd tribut aux restructurations de la période de transition. Leurs revendications s'en sont radicalisées, particulièrement sur la question foncière. Depuis 1994, en une remarquable similitude chronologique avec l'Australie, la restitution des terres tribales progresse à petits pas. Les litiges sont examinés par une cour de justice spécifique, dénommée... le Tribunal de Waitangi !

Les Maoris comme les Aborigènes ont ainsi pris leur destin en main. Ils revendiquent leurs droits anciens et affirment leur culture. L'attention que le tourisme international leur porte n'est pas étrangère à cette renaissance : partout l'essor d'un tourisme axé sur la recherche de l'« authenticité » a permis aux peuples autochtones de relever la tête. Au lieu d'être nivelée par la mondialisation, leur culture se trouve ainsi paradoxalement réhabilitée par des millions de visiteurs qui aspirent à la connaître et à la comprendre. Ce mouvement de réhabilitation est universel : qu'il s'agisse des Aborigènes ou des Maoris, mais aussi des Yanomamis ou des Kayapos en Amazonie, des Dogons, des Masaïs ou des Bushmen en Afrique, ou du chamanisme en Mongolie, l'arrivée de milliers de personnes en quête d'un monde menacé par la modernité, avides aussi de comprendre les racines de l'humanité, a permis à des peuples longtemps ignorés ou bafoués de retrouver droit de cité. L'artisanat traditionnel, même s'il est recréé à destination des touristes, les modes de vie ancestraux, les légendes et les mythes des peuples autochtones revivent ainsi grâce à la demande des touristes, à leur pouvoir d'achat, au temps qu'ils sont prêts à consacrer à la visite de sites qui auraient depuis longtemps disparu sans la curiosité de ces huit cents millions de visiteurs mondialisés.

De beaux esprits se gaussent de cette avidité des touristes pour un exotisme que ses contempteurs jugent factice, artificiel. Il est certain qu'une demande internationale de masse suscite la fabrication de produits formatés pour répondre à cette attente. En allemand, tourisme ne se dit-il pas *Fremdenverkehr*, ce qui signifie littéralement « trafic des étrangers » ? Pourtant, cette fabrication est aussi ce qui permet à des cultures en voie de disparition de se maintenir, même si leur merchandisation passe forcément par un certain avilissement. Pour pouvoir répondre à la demande touristique de dépaysement et d'authenticité, les sociétés sont condamnées à vitrifier un passé reconstitué, voire à recréer de toutes pièces une civilisation depuis longtemps disparue. Des cultures et des pratiques en évolution permanente, comme toutes les cultures, sont condamnées en apparence à s'enfermer dans des représentations schématiques. Mais la re-création de la culture dogon ou maorie à destination des touristes n'est pas plus choquante que les fêtes médiévales qui animent les villages français pendant l'été, ou la préservation jalouse du folklore bigouden ou gardian, qui est présenté aujourd'hui comme la survivance d'un passé menacé de disparition, alors qu'il a été soigneusement reconstruit au cours du dernier siècle par des intellectuels désireux de donner à leur région un supplément d'âme. Ne s'indignent que ceux qui croient que les Dogons, les Maoris ou les Aborigènes sont dupes de cette muséification de leurs traditions. Ou ceux qui voudraient se réserver la connaissance de ces peuples, parce qu'ils estiment que la vulgarisation touristique dégrade ceux qui en sont l'objet. Éternelle querelle de l'anthropologue, supposé atteindre la vérité profonde, contre le touriste qui se contenterait de l'apparence.

En réalité, cette stigmatisation est surtout le reflet d'un certain élitisme, aussi méprisant à l'encontre du visiteur, jugé forcément ignare, qu'à l'encontre de l'autochtone, forcément victime d'une folklorisation avilissante. Car les Dogons, les Maoris ou les Aborigènes, tout comme les Yanomamis, savent parfaitement à quoi s'en tenir. Dans la relation entre le touriste et le « sauvage préservé », chacun joue son rôle et personne n'est dupe. Le touriste brandit son appareil photo ou son caméscope parce qu'il a envie de croire au spectacle de l'authenticité organisé pour sa venue. Mais il sait bien que cette authenticité est minutée, qu'elle s'inscrit dans le cadre d'une excursion organisée et qu'elle a donné lieu à paiement d'un droit d'entrée. Quand les Dogons organisent des danses « rituelles », ils ne supportent pas qu'une personne n'ayant pas payé sa participation y assiste, parce qu'ils se savent en représentation. Chacun des danseurs enlève ses Nike et son walkman avant de revêtir son pseudo-masque de cérémonie et aucun ne trouve déshonorant d'exécuter pour les touristes des danses qui n'ont pas, dans ce contexte, de signification sacrée. La mise en tourisme permet aussi de vendre des objets « authentiques » fabriqués en série et artificiellement vieillis avec beaucoup d'habileté. Cet artisanat et ces spectacles offrent à des sociétés menacées de déclassement la possibilité de continuer à vivre sur place et de s'offrir les accessoires du confort et de la modernité auxquels chacun de leurs membres aspire.

C'est le tourisme qui permet ainsi à de nombreuses populations, y compris dans les campagnes occidentales, de continuer à vivre « au pays » au lieu de clochardiser dans les villes, en offrant une rémunération autrement plus attrayante que la vente des produits du champ, toujours chichement payée. Certes, les tour-opérateurs prélèvent au passage un pourcentage plus que confortable des visites organisées sur les sites « touristifiés », mais leur existence est la condition de la présence des touristes : c'est le voyagiste qui inscrit le lieu dans ses catalogues, mettant ainsi en contact des populations qui ne se connaîtraient pas sans cette intermédiation. C'est lui qui organise les termes de l'échange. Le voyagiste garantit aussi que, lorsque les portes de l'autocar se referment sur sa cargaison de touristes heureux d'avoir pu partager un moment « authentique » de la vie des villageois, la vie de ces derniers, justement, reprend ses droits. Chacun recommence à vaquer normalement à ses activités, y compris autour de l'écran de télévision pour la diffusion du feuilleton du soir ou du match de football. Comme le gardian prend sa voiture pour aller faire les courses au supermarché, le Yanomami utilise sa parabole et son portable pour se tenir au courant de l'évolution du monde. Les Dogons connaissent si bien les règles du jeu qu'ils interdisent aux touristes de visiter leurs villages en l'absence d'un guide. Comment dire plus clairement que la relation avec le touriste s'inscrit dans le cadre d'une démarche codée et parfaitement maîtrisée ?

Pourtant, le dénuement de certaines populations « exotisées » saute aux yeux. Comment expliquer que dans les régions les plus « touristifiées » d'Afrique, d'Amérique ou d'Asie, les femmes et les enfants continuent de souffrir de maladies aisément guérissables, que les taux de mortalité infantile restent si élevés, alors que les touristes apportent tant d'argent ? La tentation est alors d'accuser ces touristes d'obscénité. Ils offrent une cible toute désignée à l'animosité des intellectuels du pays d'accueil, comme de ceux du pays d'origine, unis dans la même vitupération de ces visiteurs indécents, qui osent photographier la misère et, dit-on, s'en repaître.

La réalité est plus complexe : la plupart des touristes, confrontés à cette misère, vivent si mal ce contraste avec leur

« opulence » (souvent toute relative) que beaucoup d'entre eux repartent avec la volonté d'agir. Les plus persévérants d'entre eux créent alors une petite association humanitaire, afin d'apporter à ceux dont ils ont pu mesurer la pauvreté extrême les services et les biens qui leur manquent cruellement. Combien d'ONG locales sont nées à la suite d'un séjour touristique, qui a donné envie à des vacanciers de s'impliquer plus dans des projets de développement ! Financement d'une école, d'un dispensaire, voire tout simplement envoi régulier de matériel, toutes ces micro-associations, infiniment nombreuses, mêlent dans la même générosité spontanée aide humanitaire et découverte de l'autre. Elles alimentent un transfert de biens et de services qui peut se prolonger très longtemps, voire s'institutionnaliser, créer des liens d'amitié et des solidarités qui transcendent les frontières. Mais l'expérience montre aussi que ce lien privilégié conduit souvent à la dépendance, voire à l'assistanat de ceux qui en bénéficient, qui attendent de leurs interlocuteurs une aide peu à peu considérée comme un dû. Le tourisme organise un échange de prestations, l'humanitaire flirte en permanence avec la charité : l'étranger doit donner parce qu'il est étranger, donc riche. Sinon, il n'aurait pas fait le déplacement. Il est normal de le harceler pour obtenir de lui le maximum, le temps d'une présence forcément minutée. Les nouveaux croisés de la solidarité n'hésitent pas à stigmatiser à leur tour ces touristes forcément inconscients, qui promènent leurs caméras et leurs silhouettes de nantis au milieu des miséreux, oubliant que c'est précisément ce statut qui les a conduits, eux, à agir. Car la manne touristique est au moins aussi importante, pour ces populations, que la manne humanitaire. Aucune d'entre elle n'accepterait de s'en priver : considéré comme un gentil imbécile, le touriste est trait comme une vache à lait tant qu'il accepte de jouer le jeu. Il est si touchant dans sa volonté de découvrir les réalités locales !

La vraie question est de savoir pourquoi, tant que les populations locales ne s'organisent pas pour récupérer leur part, les autorités des pays concernés n'utilisent pas la manne touristique pour améliorer le sort de leurs « sauvages ». On peut se demander dans quelle mesure le fait de maintenir à dessein les Masaïs, les Bushmen ou les Aborigènes dans leur inconfort et leur pauvreté, déléguant le soin d'atténuer leurs difficultés à quelques organisations caritatives, n'est pas en réalité un acte délibéré permettant d'entretenir l'illusion de la « peuplade authentique ». Qui vit comme à l'âge de pierre, faute de se voir reconnu le droit à l'eau potable, à la santé et à l'électricité. Dans de nombreux pays, comme le Kenya ou la Namibie, les autochtones ne sont autorisés à rester dans les parcs naturels que s'ils acceptent de rester fidèles à leurs « traditions », en réalité à leur sous-développement. La disneylandisation du monde est aussi une façon de maintenir à distance ceux qui ne souhaitent qu'une chose : nous ressembler.

6

Le tour du monde en chaussettes

« La U.S. Customs and Border Protection est la gardienne des frontières de ce pays, mais c'est aussi le visage de notre nation et du gouvernement américain pour quiconque pénètre dans notre pays. Aujourd'hui, nous mettons en œuvre des normes et des politiques pour garantir le plus haut degré de professionnalisme et de courtoisie aux postes d'entrée de notre nation et nous attendons de nos officiers [...] la discrétion nécessaire pour résoudre les infractions techniques rapidement, tout en assurant leur mission première : empêcher les terroristes et les armes d'entrer dans le pays. »

Robert C. Bonner, CBD Commissioner, conférence de presse du 26 août 2004.

Bientôt, les voyageurs qui prendront des vols internationaux devront franchir les contrôles de sécurité entièrement nus. C'est en tout cas l'impression que donne le délire sécuritaire qui a saisi les aéroports depuis le 11 septembre 2001. Plus on s'approche du territoire américain, plus la paranoïa se renforce. « Tu es froid... tu es tiède... tu brûles ! » disent les enfants quand ils jouent au jeu de l'objet caché. Près des

États-Unis, tout le monde brûle, si l'on peut employer cette métaphore malheureuse après l'incendie des Twin Towers.

Faire un tour du monde suppose en effet de franchir bien des portiques de sécurité. De répondre cent fois aux mêmes questions : « Oui, j'ai fait mes bagages moi-même » ; « Non, personne ne m'a remis de colis avant de prendre l'avion ». Le rituel provoque l'hilarité des ados. Dans les interminables files d'attente qui s'allongent démesurément aux contrôles de police, ils se créent des occupations tout à fait personnelles, inventant les réponses les plus improbables : « Ben non, voyez-vous, il y a un type moustachu, avec un keffieh, qui vient de me confier une boîte pour son cousin à Manhattan. » Regard courroucé de leur père, qui préfère ne pas attirer l'attention sur notre petite famille. La police des aéroports peut-elle seulement envisager que les questions posées aux voyageurs lors de l'enregistrement puissent permettre un jour de débusquer un terroriste ?

Celui qui entend prendre un vol international doit se préparer à franchir une harassante course de haies. L'épreuve commence à la minute où il pénètre dans l'aéroport de départ pour ne s'achever qu'une fois franchies les portes de sortie. Dans les avions, pour un vol qui doit durer huit heures, le personnel de bord distribue les formulaires d'entrée aux USA au moment du décollage, ce qui laisse aux passagers un délai à peine suffisant pour pouvoir les remplir. Il est vrai que leur lecture attentive offre une distraction tout à fait attrayante qui évite d'avoir à regarder le film. La liste des conditions à remplir pour avoir le droit de pénétrer sur le sol américain plonge dans la perplexité tout être normalement constitué : comment les Américains font-ils pour être déjà trois cents millions ? Les candidats seulement au *séjour*, pas même à l'immigration (mis à part les clandestins, tous les autres ont renoncé) sont ainsi dûment prévenus que l'Amérique de Bush veille à ce que tout un tas de choses désagréables ne puissent pénétrer *at home*. Des terroristes, des maladies certes, et on les comprend. Mais des revues obscènes ? Les ados supposent que cette interdiction est proférée dans un esprit purement capitaliste : il s'agit de ne pas concurrencer l'industrie hollywoodienne du porno. En tout cas, ceux qui embarquent depuis certains aéroports doivent procéder à un sacré ménage avant d'atterrir (pour le plus grand bonheur, sans doute, du personnel de nettoyage) : à Francfort, la ville qui fantasme sur New York au point de s'enorgueillir de posséder son propre « Main hattan » (un carré de gratte-ciel assez modestes le long du Main), les sex-shops sont carrément installés au cœur même de l'aéroport. Leurs vitrines exposent sans complexe des objets fort suggestifs, histoire sans doute de détendre les voyageurs après le délire des contrôles de sécurité.

Les interrogations du formulaire d'entrée aux USA plongent donc les enfants dans la plus franche hilarité : le postulant est invité à exposer avec franchise son statut de criminel, de délinquant notoire ou de terroriste en puissance. J'entends mes rejetons se livrer à des quiz mutuels : « Avez-vous l'intention d'assassiner le président des États-Unis ? » interroge l'un. « Transportez-vous des armes de guerre ? de la drogue ? une bombe ? » poursuit le second. Ils éclatent de rire sous le regard horrifié des autres passagers, du moins ceux, très rares, qui comprennent le français. Je vérifie que nulle oreille officielle ne traîne : le personnel américain en uniforme est connu pour son extrême susceptibilité. Tout le monde a entendu parler des mésaventures ubuesques survenues dans les aéroports américains à des Français (ce sont toujours les Français qui commettent ce genre d'impairs), empêchés de prendre leur avion, condamnés à de lourdes amendes, voire emprisonnés, parce qu'ils avaient osé prendre à la légère les contrôles de police. On ne rigole pas avec la paranoïa sécuritaire.

L'homme de la famille, lui, désapprouve nos sarcasmes : « Leur prudence est parfaitement légitime. Avec les attentats qu'ils ont subis, c'est une sécurité pour nous. » Sa mansuétude se fissure quelque peu quand il se voit pour la cinquième fois soumis à un interrogatoire suspicieux sous le prétexte qu'il est né au Maroc voici quelques décennies. « Êtes-vous retourné récemment dans ce pays ? » l'interroge la police des frontières, tandis qu'autour de lui, toute la famille se mord les lèvres pour ne pas éclater de rire (il faut répondre non, évidemment, même si vous avez fait récemment le tour de la place Jemaa-el-Fna en calèche). L'officier s'imagine-t-il sérieusement qu'un père de famille va prendre l'avion avec sa femme et ses trois enfants pour se faire exploser en vol ? J'imagine que si, un jour, une génération de kamikazes atteint ce degré de détermination, elle saura aussi affronter sans se troubler ce type d'interrogatoire.

Franchir les portiques de sécurité demande une certaine expérience, d'autant qu'ils ne réagissent pas tous avec la même sensibilité. Il faut se déchausser – puisque les chaussures sont suspectes depuis qu'un terroriste a tenté de faire exploser ses tennis lors d'un vol vers Miami –, enlever sa ceinture, son gilet, le bracelet que vous pensiez en argent massif et qui sonne comme de la vieille ferraille... On ne sait jamais où arrêter l'effeuillage. Alors que vous pensez sincèrement avoir fait de votre mieux, le portique continue imperturbablement à sonner : c'est une fermeture à glissière, ou un bouton de braguette, qui l'a énervé. La horde de gardes postés à côté du portique ne sait plus quoi vous ôter. Elsa est ainsi passée entièrement au détecteur de métaux. Pourtant, l'ours qui lui sert de doudou reste à la maison depuis longtemps : la police américaine soupçonne les peluches d'abriter des armes de destruction massive. Quant au ballon de foot que le fiston a voulu trimballer dans une dizaine de pays différents, il est lui aussi soigneusement dégonflé et rangé dans le sac de soute : se faire confisquer le superbe exemplaire rapporté du stade de Maracanã est insoutenable pour notre Ronaldinho de douze ans. Quant aux bombes de mousse à raser, c'est simple : elles finissent directement dans la poubelle du douanier, condamnant ainsi mon mari à coller au plus près, après un vol de douze heures, au portrait-robot du terroriste tel que se le représentent les autorités américaines. Un barbu né au Maroc, imaginez ! Les tubes de lessive aussi sont impitoyablement éliminés : ils peuvent dissimuler de redoutables lames.

Nos bagages sont ainsi méticuleusement passés au crible. Excitation générale quand le sac à dos du footballeur se retrouve une nouvelle fois bloqué aux rayons X, suscitant un branle-bas de combat inquiétant au sein du personnel de sécurité (vont-ils fusiller son propriétaire séance tenante ?) Fouille déterminée, d'où il ressort qu'il a encore oublié dans sa trousse d'écolier la trentième paire de ciseaux à papier rachetée depuis le début du voyage. Une fois l'engin de mort confisqué et la famille entière hors de portée des cerbères, l'étourdi est dûment réprimandé. Cette injustice l'indigne : « Mais maman, si je ne l'ai pas sur moi, je ne peux pas faire mon cahier de voyage dans l'avion ! Tu comprends, c'est le seul moment où j'ai vraiment le temps. » En décembre 2005, les autorités américaines décident soudainement que les canifs et autres instruments coupants seront de nouveau admis à bord des avions. La raison de cette magnanimité soudaine nous échappe. C'était bien la peine de confisquer impitoyablement depuis quatre ans les limes et les ciseaux à ongles les plus inoffensifs !

Au fil des voyages, nous nous présentons aux contrôles de sécurité de plus en plus légers, entassant en soute tout ce qui semble susceptible de contrarier la police. Nos sacs de voyage gonflent ainsi démesurément, escale après escale, puisque, bien sûr, nous ne pouvons nous empêcher, en parfaits touristes, de rapporter des souvenirs « typiques ». L'avalanche de pacotilles finit par coûter cher car la plupart des compagnies aériennes taxent sévèrement les excédents de bagages. Il faut donc choisir entre déambuler dans l'aéroport chargé comme un baudet, après avoir empilé sur soi l'anorak, le pull-over et les douze bouquins qu'on a voulu emporter (et qu'on n'aura pas le temps de lire), ou bourrer à mort les sacs de voyage, conférant aux dits bouquins une valeur que les taxations successives des transporteurs rendent peu à peu prohibitive. J'essaie de m'en tirer en abandonnant subrepticement ceux des guides de voyage dont je me suis rendu compte, expérience aidant, qu'ils ne servaient à rien. Ceux qui vous racontent des bobards par exemple. Un reste de scrupule m'empêche de les jeter franchement à la poubelle – quelqu'un sera peut-être heureux de les trouver, et puis on m'a appris à respecter les livres quand j'étais petite, je ne voudrais pas donner le mauvais exemple à mes enfants. Alors je les « oublie » dans l'avion ou dans la chambre d'hôtel.

En réalité, abandonner un livre n'est pas si facile qu'on le pense : il y a toujours quelqu'un pour me héler tandis que je m'éloigne à grands pas. Une bonne âme court à mes trousses, brandissant l'indésirable objet. Me voici condamnée à remercier chaleureusement mon sauveteur, que sa bonne action a rendu heureux pour la journée, avant de poursuivre mon chemin en traînant ma croix. Après m'être livrée à l'expérience, je peux vous certifier que l'abandon lâche et définitif de bouquins indésirables est proprement impossible dans au moins quatre pays : Singapour, la Nouvelle-Zélande, le Canada et l'Australie. Les États-Unis, en revanche, s'en accommodent très bien. L'Afrique, elle, vous y invite vivement, n'hésitant pas à se servir en cas de besoin. Mais sa préférence ne va pas forcément à la (mauvaise) littérature : certaines marchandises sont universellement plus convoitées que d'autres. Ainsi, nous ne comptons plus le nombre de casquettes, lunettes de soleil, sweat-shirts et autres accessoires indispensables à une famille en voyage, oubliés par les enfants dans tous les endroits possibles et imaginables. Bizarrement, ces objets-là, eux, ne ressurgissent jamais, contrairement aux guides touristiques. Après quarante jours à jouer au Petit Poucet à travers la planète, la diversité de ce qui a été semé est telle que nous pourrions monter une boutique, si toutefois la casquette à kangourous ne se trouvait pas, en ce moment même, au pays des kiwis, et celle des kiwis dans les studios Universal à Los Angeles (du moins le supposons-nous, car, évidemment, un doute subsiste). Quant aux lunettes de soleil, mystère... J'imagine que quelques paires ont dû finir sous les sièges des voitures de location et dans les divers autocars empruntés, d'autres sur les tables des restaurants ou sous les lits des hôtels. Trois enfants plus quarante jours, combien de paires de lunettes de soleil ? Voilà un exercice de maths intéressant, mais que seules les mères de famille expérimentées sont à même de résoudre.

De toute façon, pas question de conserver ses lunettes à l'entrée sur le sol américain, où l'on vous prend désormais en photo sans accessoire aucun susceptible de tromper la vigilance du douanier. Attention : la seule bonne photo est la photo *sérieuse*. Si vous souriez gentiment à l'objectif, histoire de montrer votre bonne volonté à l'employé qui vous dévisage d'un air rogue, ce n'est pas bon : il faut recommencer. Et avec l'air méchant cette fois, afin qu'on puisse plus facilement vous confondre avec un terroriste. Il faut aussi donner l'empreinte de son index droit. Et ensuite, l'empreinte de son index gauche. À moins que cela ne soit l'inverse, mais pas question de se tromper. Le policier scanne votre passeport. Enfin, il essaie, en pestant contre ces passeports français et italiens « qui posent toujours des problèmes ». Passe un temps interminable à comparer les données qui s'affichent sur l'écran de son ordinateur avec celles qu'il vient de recueillir. Vous dévisage une dernière fois, avant de vous laisser partir à regret. On sent qu'il est déçu de ne pas pouvoir vous tatouer sur le front un numéro d'identification.

Tandis que les vérifications s'éternisent, j'essaie d'empêcher les enfants de se chamailler. Ils sont fatigués de perdre encore deux heures dans une file d'attente après en avoir passé une dizaine dans un avion. Je tente de leur inculquer l'obséquiosité temporaire qui nous permettra de franchir rapidement et victorieusement l'épreuve. « Les enfants, surtout vous ne riez pas ! Vous ne plaisantez pas ! » Je les menace en boucle, arborant la mine sévère qui devrait m'assurer des photos impeccables. Mais quand le quinzième flic scrute mon mari en lui demandant s'il a encore des contacts avec le Maroc, c'est plus fort que moi, j'éclate de rire. Toute la famille me regarde d'un air consterné, redoutant que mon sort ne soit scellé par cet acte insensé et que je ne puisse plus poursuivre le voyage en sa compagnie.

Après trois semaines de ce régime, nous sommes devenus de petits numéros, parfaitement conditionnés : nous donnons les bonnes réponses sans même plus écouter les questions, prenons sans forcer l'air totalement neutre face aux caméras qui nous tirent le portrait. Arrivons déjà en chaussettes devant les policiers, bien que personne ne nous ait encore rien demandé. L'un deux s'esclaffe lorsqu'il nous voit nous présenter sagement tous les cinq devant lui, nos tennis à la main : « Vous, vous êtes passés aux États-Unis il n'y a pas longtemps ! » Évidemment, pour être aussi décontracté, il n'est pas américain mais haïtien, immigré depuis peu au Canada.

Il faut probablement habiter dans une île pour être sympa. Car les Polynésiens aussi s'acquittent des indispensables contrôles de sécurité sans verser dans le délire obsidional ambiant. À Papeete, un officiel jovial jette à peine un coup d'œil à nos passeports. Nous interprétons cette mansuétude comme l'expression d'une commune appartenance : isolés dans un monde hostile, les Français se serrent les coudes. C'est aussi le seul aéroport bordélique et bon enfant où on nous déconseille de laisser le moindre bagage à la consigne. Tandis que j'attends avec la montagne de sacs de voyage empilée près de moi (le reste de la famille a décidé d'occuper sa longue escale en partant au cinéma), j'observe l'agitation ambiante. L'aéroport de Papeete est un joyeux souk, où tout le monde, hommes inclus, porte autour du cou un ou plusieurs colliers de coquillages et de fleurs. Alors que les Néo-Zélandais, comme les Australiens, vous fourrent directement en prison si vous osez tenter d'apporter chez eux trois malheureux pétales. Papeete me repose. Il ne faut pas croire, pourtant, que les Polynésiens fassent preuve de laxisme : devant les comptoirs d'enregistrement, des affiches rappellent aux passagers que « les feux d'artifice sont strictement interdits à bord des avions ». Il existe donc certaines limites à ne pas franchir. Mais, visiblement, la barre est placée beaucoup plus haut que dans les pays anglo-saxons.

Confrontés au désordre qui règne dans l'aéroport de Papeete, les flics américains deviendraient fous. Leurs conditions de travail leur imposent un stress extrême, eux qui sont l'« âme de la nation américaine », comme le proclament les affichettes placées devant les comptoirs de police pour expliquer à ceux qui patientent depuis des heures qu'il vaut mieux coopérer. Ces âmes-là portent sur leurs épaules l'écrasante responsabilité de filtrer ceux qui tentent de s'immiscer dans leur sanctuaire avec des intentions malveillantes. Mais comment faire le tri dans les millions d'impétrants ? Par des critères simples. Ne pas être né à Marrakech, par exemple.

La nation américaine reste profondément traumatisée par les attentats du « *nine eleven* ». À New York, il n'est pas un marchand de rue qui ne vende des cartes postales portant encore les Twin Towers, des tee-shirts à leur gloire, des livres commémoratifs. Le paysage urbain souffre de ce vide, qui inscrit son manque dans la géographie mentale de la ville : on cherche instinctivement le repère familier, et il n'est plus là. Le chicot béant des deux tours continue à jamais de meurtrir la *skyline* new-yorkaise. Les habitants de la ville souffrent de leur absence comme on continue à souffrir d'un membre amputé. Comment en vouloir aux autorités américaines de verser dans un délire sécuritaire ? Pourtant, l'Amérique ne sait plus où elle en est. Au point d'envoyer des fusils-mitrailleurs contre ses propres enfants perdus dans la boue de Louisiane pendant les inondations de la

Nouvelle-Orléans, au point de renier la part sombre d'elle-même, à tous les sens du terme : édifiée sur des décombres du génocide des Indiens et la sueur des esclaves noirs, elle ne cesse, en croyant s'élever, de produire d'autres décombres. Dans le monde entier, en Irak ou en Afghanistan aujourd'hui, au Viêtnam hier. Et désormais sur son propre sol.

J'essaie de garder tout cela présent à l'esprit tandis qu'on me fait enlever mes chaussures, sortir le réveil du fond de mon sac, dégonfler les ballons et allumer mon ordinateur (Pourquoi ? Mystère ! En tout cas, les distraits n'ont pas intérêt à se présenter devant la police avec des batteries déchargées). Peu à peu, tous les pays du monde marchent sur les brisées américaines : voyager en avion devient un pensum. Entre la flambée des cours du pétrole, qui rend prohibitif le coût du transport aérien, les pays désormais proscrits pour cause d'insécurité notoire ou de compagnies aériennes pourries, et la longueur interminable des formalités de douanes justifiées par la menace du terrorisme international, combien de temps encore pourra-t-on faire le tour du monde ? Vouloir traverser la planète s'apparente de plus en plus à effectuer une étude comparative des différents aéroports et de leurs conceptions variables et aléatoires en matière de sécurité. Le pire en Occident est probablement Roissy, dont le désordre et la crasse offrent à ceux qui y débarquent une vision tiers-mondiste de la France : longueur interminable des files d'attente, toilettes d'une saleté repoussante, sans parler de l'effondrement sporadique de ses plafonds. Singapour détient au contraire la palme de l'organisation : déambuler dans une véritable petite ville au milieu des orchidées et des faux chants d'oiseau diffusés par des haut-parleurs habilement dissimulés, faire ses emplettes dans l'une des innombrables boutiques, jeter du pain aux poissons rouges depuis de petits ponts de bois permettraient presque d'oublier que, partout, une police féroce veille. La propreté parfaite de Singapour se paie d'une surveillance quasi totalitaire. Mais dans le style, Sydney et Auckland ne sont pas mal non plus, qui, pour se protéger de toute contamination bactérienne, multiplient les avertissements terrifiants au voyageur susceptible de dissimuler dans ses bagages une portion de Vache-qui-rit ou une pomme. La préservation de leur faune et de leur flore, uniques au monde il est vrai, justifie une politique de surveillance draconienne. Multiples mises en garde dès la sortie de l'avion, jusqu'à engendrer chez le malheureux voyageur, déjà abruti par vingt-quatre heures de vol, une terreur irraisonnée : ne traîne-t-il pas un objet proscrit quelque part dans ses bagages ? Ses semelles de chaussures ne transportent-elles pas une boue fatale ? « *Last chance to declare* » (« Dernière chance de se mettre en règle »), « *Declare or beware* » (« Déclarez ou faites gaffe »), les Aussies ne font pas dans la dentelle, comme d'habitude. Soixante mille dollars d'amende et dix ans d'emprisonnement guettent celui qui aurait oublié de déclarer un objet à base

« de bois, de plante ou d'animal », malencontreusement oublié dans sa valise. Dix ans d'emprisonnement ! Une atmosphère tout à fait détendante accueille ainsi les visiteurs, dont des chiens spécialement dressés reniflent les mollets et les bagages, tandis qu'ils sont soumis à des interrogatoires serrés sur leurs précédents voyages. La question est de savoir s'ils ont ou non posé récemment le pied dans un pays perçu comme indésirable aux antipodes, c'est-à-dire, en gros, un pays pauvre et coloré. Si leurs pratiques alimentaires et sportives sont saines ou s'ils ont joué les gros dégueulasses en montant à cheval et en visitant des fermes, risquant ainsi de contaminer la terre si pure de l'Australie. Soumis à un tel examen de conscience, le voyageur, par ailleurs plus très net après son interminable trajet, finit par se sentir tout entier comme un gigantesque colis indésirable et puant.

Dernière épreuve avant la libération (le droit de quitter l'aéroport) : tous les bagages sont passés aux rayons X. Inutile de préciser combien celui qui a tu l'existence du paquet de Tic-Tac planqué dans la trousse de toilette se sent mal, très mal. La supercherie va être révélée, trois costauds Aussies le plaquer au sol, les sirènes se mettre à hurler. Fini le merveilleux voyage en Australie. La sueur et l'angoisse poissent les aspirants touristes. Après avoir voulu en vain caresser les chiens, les enfants marchent comme des automates, livides. Je vois chacun d'entre eux procéder mentalement à son examen de conscience : dans la gamme infinie des matières comestibles, que recèlent leurs sacs à dos qu'ils aient pu oublier ? Quant à moi, j'espère que la propreté des chaussures de sport familiales entassées dans les bagages de soute ne va pas être scannée : il est plus que probable qu'on y trouverait la terre des stades et des sentiers de France. C'est à partir de la Nouvelle-Zélande que je commence à sentir l'angoisse monter : elle est encore plus draconienne que l'Australie sur les conditions d'admission sanitaire. Je regrette la peau de kangourou que je n'ai pu m'empêcher de rapporter. Pas un kangourou ramassé sanguinolent sur la chaussée, je vous rassure, mais une belle peau bien tannée, soigneusement roulée en boule dans mon sac. Je me demande quelle folie m'a fait acheter le bracelet en peau de saltie, avec deux dents incrustées (les dents du crocodile évidemment) que je veux offrir à mon neveu pour son anniversaire. Certes, tous deux portent la mention « Bon pour l'exportation ». Mais si c'était un simple argument de vente ? Et le petit coquillage ramassé subrepticement à Green Island ? Avec lui, je suis complètement et définitivement hors la loi. Quand je pense qu'à l'aéroport de Cairns, on propose aux voyageurs d'emporter des langoustes *vivantes*. L'acheteur inconscient sait-il seulement ce qui l'attend à l'arrivée à Auckland ? Et à Los Angeles ?

L'éventualité de devoir jeter toutes mes merveilles dans les poubelles de la douane néo-zélandaise me révolte. J'opte pour un silence prudent, sans faire part de mes angoisses au reste de la famille, de peur que notre air coupable nous désigne sans ambiguïté comme de scandaleux fraudeurs.

Finalement, tout se passe bien. En Australie comme en Nouvelle-Zélande, l'épreuve des rayons X est expédiée comme une vulgaire formalité. Apparemment le bracelet de croco et la peau de kangourou ne font pas courir de danger mortel aux Kiwis. Toute la famille peut savourer en toute sérénité l'immense bonheur d'aller poireauter chez le loueur de voitures, derrière une longue file aussi hagarde que nous. Avant de se retrouver, après vingt-quatre heures sans sommeil, lâchés sur les routes antipodiennes à rouler pour la première fois à gauche, au volant d'un tank automatique. Il est rassurant de se dire qu'on a au moins le droit d'écraser les opossums.

7

Bora Bora, paradis sous perfusion

« Découvrez la Polynésie, son hospitalité, sa culture, ses légendes. Mariez les fleurs et les parfums, les chants et les danses, les eaux turquoise des lagons et les plages de sable blanc, la cuisine des Tropiques et le savoir-faire français [...] et vous aurez trouvé pourquoi la Polynésie est unique au monde, elle ne laisse jamais indifférent... »

Catalogue « Îles et lagons », Tourinter, 2005.

« Imaginez une île bien ronde (dodue) de la taille d'un terrain de foot. Recouvrez la moitié de sable, l'autre d'herbe bien entretenue. Saupoudrez de cocotiers, de caoutchoucs (ficus) et de fleurs multicolores. Ajoutez autour un lagon d'un bleu incomparable. Voilà notre île ! »

Journal de bord d'Elsa, neuf ans.

Bora Bora est un mythe. Le symbole du paradis sur terre. Son nom seul, une invitation au voyage, sauf peut-être lorsqu'on le prononce à la tahitienne *(Bourrrâa)*. Gauguin, Brel, ma grand-mère, ils sont nombreux, ceux qui nous ont bercés de l'éden polynésien. Et nous voici dans l'avion d'Air Tahiti qui nous emporte vers l'île la plus célèbre du monde. La vue depuis le hublot conforte la carte postale : Moorea, Huahine, Raïatea, Tahaa, une succession d'atolls dans une mer turquoise, comme si on feuilletait un opus imaginaire de Yann Arthus-Bertrand, intitulé *Le Rêve vu du ciel*. Évidemment, comme Bora Bora incarne l'apothéose, l'acmé, l'archétype des îles à cocotiers sublimes, nous en avons fait notre unique escale polynésienne.

Apparemment, tous les passagers sont comme nous : sous le charme. Ils poussent de grands cris d'admiration. En tout cas, ceux qui sont assis du côté gauche, parce que ceux de droite ne voient rien. Ils voient d'autant moins que les passagers situés à la gauche de l'appareil sont empilés verticalement contre les fenêtres. Les « côté couloir » se sont carrément assis sur les genoux des « côté fenêtre » (espérons qu'ils se connaissaient avant) pour mieux admirer le paysage. Ceux qui sont assis du côté droit, en revanche, paraissent nettement faire la gueule. Observer la situation depuis l'arrière de l'appareil (nous nous asseyons toujours à l'arrière, avec l'espoir ténu, et probablement vain, d'une petite chance de survie en cas de crash) donne le sentiment que l'on a renversé une boîte de petits pois à la fois sauteurs et parlants : un amoncellement de têtes est plaqué contre les hublots, le nez écrasé contre les vitres douteuses. Pourtant, le pilote vient d'annoncer que l'atterrissage est imminent, et généralement, en pareil cas, tous les passagers sont supposés se tenir au garde-à-vous, ceinture attachée, dossier du siège relevé, rien qui traîne dans les couloirs. Là, c'est exactement l'inverse. Il en faut plus pour émouvoir les hôtesses, qui n'ont pas interrompu une seule seconde la discussion animée, lancée dès le décollage à Papeete, sur les mérites comparés, et surtout les défaillances multiples, de leurs petits copains respectifs. Je suppose qu'Air Tahiti se contente de veiller à ce que personne ne fête l'arrivée sur Bora en allumant immédiatement un feu d'artifice à bord.

En s'approchant de l'île, l'appareil effectue un large virage, comme si le pilote entendait rétablir un semblant de justice parmi les passagers. Les frustrés de droite soupirent d'aise, avant de s'empiler à leur tour contre leurs fenêtres. Le virage est indispensable pour aborder la piste d'atterrissage en arrivant de Tahiti, il présente surtout l'avantage de procurer équitablement à chaque visiteur sa précieuse minute de vision panoramique.

On jurerait que l'aéroport de Bora Bora a été spécialement conçu pour entretenir le mythe : il est situé sur l'extrême frange du lagon, position idéale pour admirer la perfection de l'île. La réalité est plus prosaïque : il s'agit d'une piste militaire construite par les Américains pendant la Seconde Guerre mondiale. Petits malins, ils avaient fait de Bora Bora une des positions stratégiques de leur armée dans le Pacifique. Ils ont d'ailleurs oublié dans les montagnes un certain nombre d'objets sympathiques : batteries antiaériennes, canons, carcasses de jeep... Et comme les Ricains ont adoré leur séjour à Bora, ils ont bâti sa notoriété dans le monde entier.

Vert profond de l'île principale, hérissée de reliefs abrupts couverts de forêts, éblouissant camaïeu de bleus de l'auréole marine, couronne enfin de ces petites îles coralliennes de sable blanc chevelues de cocotiers, qu'on appelle en Polynésie des *motus*... jamais je n'ai vécu un atterrissage dans un paysage aussi exceptionnel, hormis le jour où je me suis rendue dans l'île de Sainte-Marie à Madagascar pour une mission humanitaire. Ce jour-là, mon enthousiasme fut assez rapidement terni : le pilote avait mal évalué la longueur de la piste, ce qui nous valut de finir notre voyage dans la mer après avoir été copieusement secoués dans un appareil en perdition. L'avion resta ensuite longtemps enlisé dans le sable, devenant la grande attraction locale. Obligée de quitter l'île car on m'attendait à la Réunion, je dus affréter un petit avion privé, dont le pilote était en pleine crise de paludisme. Tandis que la tour de contrôle de l'aéroport de Tamatave restait sourde à ses appels anxieux, je considérais pensivement la mer infestée de requins juste sous l'appareil, espérant qu'il s'agissait des animaux bienveillants dont les émissions animalières nous serinent désormais que si on ne les embête pas, ils n'attaquent jamais l'homme. J'appris une fois arrivée à bon port qu'un touriste s'était fait dévorer la semaine précédente : il avait cru bon de se baigner pour occuper utilement son escale, pendant que sa femme l'attendait sur la plage.

Ici aussi, à lire les catalogues de voyage, les requins sont tout à fait gentils. Et l'avion se pose quasiment sur la plage, mais, cette fois, la manœuvre est maîtrisée : le minuscule aéroport de Bora ouvre directement sur le lagon. Une flottille de vedettes y attend les visiteurs pour les convoyer dans les hôtels de luxe situés de l'autre côté de l'île. Les habitants de Bora, eux, prennent la navette maritime qui les amène avec leurs bagages dans la petite ville de Vaitape, où se trouve la mairie.

Tandis que nous observons, fascinés, la cérémonie de la remise des colliers de fleurs au cou des arrivants, un jeune homme blond nous hèle : c'est Teva, le fils cadet de Paul-Émile Victor, grand explorateur des terres polaires disparu depuis une dizaine d'années. Paul-Émile Victor avait choisi de terminer sa vie à Bora Bora. Nous logerons quelques jours sur le petit motu qu'il a légué à son dernier fils : Teva a construit sa maison (ici on dit *faré*) sur Haapiti Rahi, et il y a ajouté un logement destiné à accueillir les visiteurs de passage. Nous.

Tandis que la vedette file vers le motu, les enfants se gorgent littéralement de la beauté du lieu. La magie de ce qu'ils sont en train de vivre les rend silencieux. « Nulle part ailleurs au monde », telle était la devise de Paul-Émile Victor. Elle prend toute sa portée à Bora Bora. Nous voici plongés dans une expérience doublement extraordinaire : dans un des plus beaux lieux de Polynésie, et probablement du monde, nous vivons pour la seconde fois le même dimanche 7 août. Cette nuit en effet, nous avons franchi le méridien du changement de date. Il nous a fait revenir en arrière d'une journée. Le premier dimanche 7 août s'est déroulé en Nouvelle-Zélande, sur la plage battue par les vents de Kare Kare, au nord-ouest d'Auckland. C'est là qu'a été tourné le film de Jane Campion, *La Leçon de piano*. Une grève rude, cernée de falaises abruptes, battue par la houle, d'une âpre beauté. La pluie y cinglait en rafales, drossant des volutes de sable noir qui nous abrasaient les mollets (et aussi, hélas, les appareils photo). Nous étions trempés jusqu'à la moelle, en dépit de la superposition désormais coutumière de vêtements de pluie. Et le même jour, à la même heure, nous voici transplantés dans un paysage de légende, où tout est merveilleusement calme et serein. À Bora, les embruns que brumise la vedette nous rafraîchissent agréablement, tant est chaud ce soleil que nous n'avons pas vu une seule fois à Kare Kare. Revivre une nouvelle fois les vingt-quatre heures écoulées dans un lieu si différent du premier donne le sentiment d'avoir été télétransportés.

Entre ces deux univers maritimes si violemment contrastés, dix heures d'avion, les interminables formalités des vols internationaux, la fatigue des contrôles. Et une fois de plus, la projection du même dessin animé, *Madagascar*. Tous les vols que nous avons pris au cours de notre tour du monde diffusaient *Madagascar*. Tous. Voilà pourquoi je me suis revue dans l'île de Sainte-Marie (où, désormais, les touristes se rendent pour admirer les baleines). *Madagascar*, pour ceux qui l'ignorent, est un dessin animé mettant en scène un lion et un zèbre, qui décident de quitter le zoo de Central Park, où ils mènent une existence heureuse, pour tenter de retrouver leur savane natale. Après bien des désagréments, et notamment un naufrage, assez éprouvant à regarder lorsqu'on se trouve dans un avion, ils aboutissent à Madagascar, où ils sympathisent avec la faune locale tout en continuant de regretter leur zoo new-yorkais, qu'ils tentent finalement de regagner. Ce qui, selon les conventions du genre, peut difficilement être considéré comme une *happy end*. Dans la conception très particulière de la géographie qu'ont les Américains, qui consiste à résumer le monde à une sorte de bouillie indéterminée une fois sorti du bon vieux sol yankee, le trajet de New York aux côtes africaines passe étrangement par Madagascar, ce qui permet au dessin animé de sanctifier la biodiversité de la Grande Île. On sent que les Ricains aimeraient bien pouvoir la vitrifier en virant les autochtones. À défaut, le dessin animé fait l'apologie de la vie en captivité dans les zoos américains.

Lors de la première diffusion, les enfants sautent de joie : « C'est génial, ils passent *Madagascar* ! » L'obstacle de la langue ne leur paraît qu'un inconvénient mineur, tant la gestuelle du film est explicite. De toute façon, le français a disparu des vols internationaux, comme de la majeure partie de la planète d'ailleurs. L'anglais, l'espagnol, le japonais, l'arabe, le chinois, oui. Et même l'allemand. Mais le français, c'est fini. Belle leçon d'humilité.

Au bonheur initial des enfants succède assez vite une lassitude généralisée, puis, à partir de la quatrième diffusion, une franche exaspération. Aggravée par nos places dans l'avion, situées pile à côté des uniques toilettes de la classe économique, ce qui nous vaut les vrombissements terrifiants des chasses d'eau et la chute de passagers déséquilibrés sur nos plateaux-repas.

Après *Madagascar* et une nuit blanche, il faut encore attendre quelques heures dans l'aimable chaos de l'aéroport de Papeete avant de reprendre un vol pour Bora Bora. Voilà pourquoi commencer notre second dimanche 7 août dans la douceur émolliente de l'île, un peu ensuqués par le décalage horaire, le manque de sommeil et le bourrage de crâne cinématographique, achève de nous désorienter. Sommes-nous bien vivants ? Ou bien la télétransportation a-t-elle oublié en chemin quelques fragments de nous-mêmes, suspendus dans l'espace-temps, et peut-être même encore en train de visionner *Madagascar* ?

Heureusement, le lagon scintille d'une eau merveilleusement limpide, le soleil brille, et sous le ciel si bleu, si calme, les cocotiers bercent leurs palmes. Devant nous, juste devant, à quelques minutes à peine de l'aéroport, voici déjà le motu.

Les chiens de Teva nous font fête comme de vieux amis. Le farniente peut commencer.

Pas tout à fait en réalité. Nous sommes dimanche, au cas où vous l'auriez oublié. Il faut vite aller acheter à manger avant que l'unique épicerie de l'île ne ferme. Retour sur la vedette, direction Vaitape. Nous allons faire les courses chez celui que tout le monde appelle à Bora Bora « le Chinois ». Ce fameux dimanche 7 août, en bonne famille française, nous aurons donc *aussi* fait les courses au supermarché, remplissant méticuleusement notre chariot en nous chamaillant sur ce qu'il convient d'acheter.

Le Chinois, comme les bazars des villages d'antan – et les hypermarchés modernes –, vend absolument de tout. Dans ses rayonnages étroits et poussiéreux, s'entassent des marchandises du monde entier. Sevrés de spaghettis et de Kiris, les enfants se jettent littéralement sur cette bonne vieille nourriture « française », qui leur manque tant. Pas de produits locaux chez le Chinois : tout, absolument tout, est importé. Le coût est évidemment prohibitif, principale caractéristique de Tahiti. Mais bien sûr, on peut payer par carte bancaire et la plupart des monnaies internationales sont acceptées : ce sont quand même des Chinois qui tiennent la boutique. Dans ce Pacifique presque entièrement dollarisé, nous voici revenus dans le monde des bons vieux francs, certes polynésiens, mais des francs quand même. Retrouver comme en Afrique ce franc que nous avons tant de mal à oublier réchauffe notre cœur d'incurables nostalgiques, renforçant les enfants dans la conviction que leurs parents sont vraiment des dinosaures.

Enfin, les courses sont rapportées à la maison – pardon, au faré – et rangées à l'abri des multiples petites bêtes qui rêvent d'en faire leur ordinaire. Autour du faré miroite l'eau changeante du lagon. La qualifier simplement de « bleue » serait passer à côté des infinies variations de l'étendue marine qui, au fil des minutes et de la lumière, décline toute la palette des émeraudes, des turquoises et des outremers. Je passerais bien ma journée hypnotisée par les robes successives de la mer. Hélas, il faut vider les valises. Et préparer les spaghettis.

Plus tard, nous explorons notre nouvel univers, pas plus grand qu'un demi-stade de football. D'ailleurs Romain est déjà en train de shooter avec son père entre les cocotiers, tandis que je prie intérieurement pour que Teva n'attache pas une importance excessive à sa pelouse. De gros crabes se carapatent à notre approche, disparaissant dans les multiples trous qu'ils ont creusés dans le sable du lagon. Notre motu est rongé par les cyclones : chacun d'entre eux lui arrache un peu de son étendue. Aussi a-t-il été renforcé par des blocs de pierre, acheminés à grands frais depuis l'île principale. Teva a posé une conduite d'eau potable. J'ai vu au supermarché des affichettes de la mairie de Bora informant la population qu'en raison de la sécheresse persistante, l'eau est coupée toutes les nuits.

Discours désormais rituel, notre hôte nous invite à nous comporter de manière écologique. Il faut économiser l'eau, veiller à utiliser l'électricité avec modération, sous peine d'en manquer car ce sont des batteries solaires qui approvisionnent le faré : l'énergie emmagasinée pendant la journée est restituée la nuit. Les consignes sont assez rigoureuses : ici nous vivons en circuit fermé. Les ordures ménagères sont compostées, le gaspillage proscrit. Je me demande comment se comportent les clients des grands hôtels de Bora Bora, qui acquittent des sommes faramineuses pour séjourner sur l'île. Sont-ils aussi scrupuleux ?

Rituel magique visant à se prémunir contre les cyclones, Teva a sculpté partout d'inquiétantes statues : *tikis* et masques menaçants, y compris le visage de son père, Paul-Émile Victor, tourné vers le large, les yeux incrustés de nacre bleue. Au cas où les incantations se révéleraient insuffisamment dissuasives, le motu est protégé contre les ouragans par un amoncellement de pierres et de bâches, et, contre les importuns, de pancartes les avertissant qu'ils accostent sur une propriété privée.

Dans le faré, je tombe sur *L'Atlas de la Polynésie-Française*, véritable aubaine pour la géographe que je suis. L'atlas a été en partie écrit par mes collègues de l'université de Montpellier. Ils y expliquent que « Bora Bora est considérée à juste titre comme l'archétype des îles volcaniques tropicales arrivées à un stade d'évolution tel que le développement d'une grande couronne récifale à motus équilibre les restes de la construction postiche, en partie ruinée par l'érosion et engloutie par la submersion ». J'adore la poésie avec laquelle les géographes décrivent le monde, la richesse du vocabulaire géographique et son infinie diversité. La géographie est la seule discipline qui applique la littérature à l'espace. Et je comprends mieux aussi pourquoi Bora Bora fascine : quel autre lieu peut s'enorgueillir d'incarner un archétype ?

En Polynésie, les atolls sont des volcans émergés, que l'érosion a rongés. Des formations coralliennes ont proliféré ensuite sur le substrat rocheux. Les îles sont donc cernées de profondeurs marines abruptes, ce qui explique pourquoi leurs eaux sont si poissonneuses.

Mais, comme aux Maldives, ces îles sont fragiles : la montée du niveau des mers consécutive au réchauffement climatique les menace. Il faut les remblayer et les protéger des cyclones, sous peine de les voir purement et simplement disparaître. Le gouvernement des Maldives a ainsi passé un accord avec le gouvernement australien qui prévoit l'émigration d'une partie de sa population *down under* si le cadre de vie de certains Maldiviens venait à être rayé de la carte.

Le retour des enfants de leur expédition en kayak interrompt ma lecture. Ils ont l'air terrifié. J'apprends que des raies géantes et des requins les ont escortés. Consulté en urgence, Teva nous rassure : ces animaux sont absolument inoffensifs. Le nouveau discours sur la nature que tiennent tous les thuriféraires du retour au source est partout le même : les prédateurs les plus agressifs (comme le requin bleu et le grizzly) sont tout à fait pacifiques si vous ne venez pas les embêter. S'ils vous dévorent, c'est que vous avez commis une erreur. Vous avez dérangé ces braves bêtes au mauvais moment, vous êtes allé là où vous ne deviez pas aller. Bref, vous êtes coupable. Tant pis pour vous.

Teva nous met en garde, en revanche, contre le mortel poisson-pierre qui se fond à merveille avec les rochers. Ariane, qui a cru bon d'attraper un oursin géant, se retrouve les doigts bleuis de piquants. En bonne mère interventionniste, je m'apprête à la charcuter à la pince à épiler, mais notre hôte est catégorique : il ne faut surtout rien tenter, les piquants vont finir par sortir tout seuls.

Après quelques jours, en effet, la douleur s'estompe et le piquant disparaît. En même temps que la séduction enchanteresse de Bora Bora. Le paradis de carte postale résiste mal au temps. Il faudrait pouvoir rester sur l'impression initiale, ne surtout pas pénétrer dans les coulisses. Ce lagon sublime qu'affichent toutes les brochures des agences de voyages est une représentation idéale du paradis tropical, mais justement, ce n'est qu'une représentation. Factice. La carte postale n'a aucune profondeur, aucune âme. Elle ne supporte pas non plus la sonorisation : à toute heure, la mer est traversée en tous sens par des pêcheurs, des jet-skis, des navettes et des vedettes, dans une persistante odeur de gas-oil.

L'horizon lui-même est rétréci par le manque total de perspective qui semble avoir paralysé la population : le milieu polynésien s'étiole, société sans avenir soutenue à bout de bras par une métropole aussi vilipendée que convoitée. L'assistanat français dissuade tout effort productif, hormis la mise en avant d'un certain folklore destiné à entretenir le touriste dans l'illusion du paradis tahitien : perles noires, chemises à fleurs, colliers de coquillages et vahinés. Mais la vahiné se mue très vite en une vieille femme fatiguée et obèse. Et la chemise a été importée d'Hawaï dans les années 1930 par des commerçants japonais et chinois qui, pour répondre à la demande touristique, développèrent les motifs « polynésiens », à base de surf, de cocotiers et d'hibiscus, tout un folklore repris ensuite par le Club Méditerranée dans ses villages de cases [1].

De nombreux Polynésiens en ont assez du mythe, assez d'être cantonnés à jouer les indigènes dans leur immense musée à ciel ouvert. Ils s'ennuient. Alors ils se vengent en vidant méthodiquement leur eau de ce qui pourrait retenir les touristes, tuant ainsi la poule aux œufs d'or. Dans ce milieu tropical où tout pourrait pousser, personne ne se fatigue à planter, se contentant d'épuiser les ressources du lagon

1. Je tiens ces informations de l'équipe MIT (Mobilités, itinéraires, territoires), rattachée à l'université Paris VII, qui a publié aux éditions Belin, en 2002 et en 2005, deux ouvrages passionnants : *Tourismes 1. Lieux communs* et *Tourismes 2. Moments de lieux*, sous la direction du professeur Rémy Knafou.

par une pêche intensive. Le lagon donne le sentiment d'avoir été surexploité : le corail est blanchi, cassé, les poissons peu nombreux. Presque partout, sous l'eau azuréenne, le sol est aussi nu qu'un stade de football. Évidemment, l'occupation américaine, la pêche, l'intense fréquentation touristique n'ont pas dû jouer beaucoup en faveur de l'écosystème marin. Mais les cimetières de coquilles de bénitiers vides que l'on découvre en plongeant témoignent que le Polynésien a bien d'autres soucis que l'avenir des ressources marines. Il doit se sentir bien désespéré et bien inutile pour se priver volontairement, en échange d'un repas certes apprécié mais si vite avalé, des magnifiques couleurs turquoise, violette ou vert émeraude qui caractérisent les valves des bénitiers.

Les touristes ne savent rien de cette destruction du lagon car les agences de voyages leur proposent une excursion, vendue à prix d'or comme il se doit, lors de laquelle, dans le seul espace marin soigneusement préservé de l'île, ils peuvent nourrir à la main les raies pastenagues et les requins. Ils ne savent pas que loin de retrouver la nature « vierge », ils déambulent, comme au Kenya ou aux Galapagos, au sein d'un zoo géant, où les comportements des animaux ont été depuis longtemps modifiés par leurs relations étroites avec les hommes. Ils quitteront Bora sans se rendre compte que le lagon est en coma dépassé depuis longtemps. Seul l'or de leur présence le maintient sous respiration artificielle.

Bien sûr, l'eau reste encore merveilleusement limpide, mais pour combien de temps ? Dans les grands hôtels, le personnel veille chaque matin, avant que les touristes ne se lèvent, à nettoyer les plages des ordures abandonnées sur la grève par les courants : boîtes de conserve, bouteilles d'eau minérale, sacs plastique, déchets divers. L'espace de l'atoll est clos, clos par sa couronne de motus, mais clos aussi par l'absence de perspective. Élever ses enfants ici, une fois passée la petite enfance, relève du suicide social. Dès qu'il a passé l'âge de se contenter de rentrer de l'école en ski nautique, Teva a quitté Bora Bora pour aller faire ses études aux États-Unis et en France.

Lorsque notre séjour s'achève, nous nous réjouissons de quitter l'île. Les enfants ont hâte de retrouver l'animation d'une grande métropole. Le mythe du paradis terrestre s'est disloqué. Bora Bora est toujours belle, certes, mais nos rêves la magnifiaient. Nous ferons semblant d'ignorer que l'eau du lagon est vide, les fonds stérilisés, le bruit omniprésent. Quant au mode de vie « écologique », il a vite montré ses limites : chaque fois qu'il a plu, Teva a dû allumer le groupe électrogène, afin que nos nuits ne soient pas plongées dans une obscurité totale (nous n'avons pas, en effet, tout à fait renoncé à continuer de vivre après six heures du soir). Si la lumière est revenue, c'est au prix du grondement assourdissant du générateur, qui, non content de nous casser les oreilles, empuantit l'île de son gas-oil. La pluie fait proliférer les moustiques.

Nous avons le choix entre nous faire piquer ou brancher des diffuseurs électriques de produits chimiques, bien peu écologiques. Les grands hôtels pratiquent, eux, sans états d'âme, la désinsectisation massive, seul moyen de conserver les touristes. Sur notre motu au contraire, ils s'en donnent à cœur joie. Après les chameaux déjà sellés d'Alice Springs, je retrouve un autre bonheur de la Camargue : le harcèlement des insectes piqueurs. J'aspire aussi à regagner un endroit civilisé où nous aurons le droit de faire une lessive sans risquer de porter atteinte à l'environnement : la gestion matérielle d'un tour du monde à cinq exige en effet de trouver une machine à laver chaque semaine, tout comme naguère on préparait sur la route des diligences des chevaux frais tous les quarante kilomètres. Bora Bora n'est pas plus écologique que Green Island. La seule chose qui soit écologique, comme à chaque fois, ce sont les contraintes imposées au touriste de passage. On a beau lui glisser, à l'arrivée ou au départ, un collier de coquillages autour du cou, il s'en va avec la sensation curieuse d'avoir été pris pour un imbécile. Qui croit encore à la fameuse hospitalité polynésienne, les fleurs de tiaré dans les cheveux, les chemises à fleurs fabriquées en Indonésie et les perles noires vendues au prix du billet d'avion qui a permis de venir les acheter sur place ? Bora Bora est devenue un immense Disneyland dont les autochtones se meurent d'ennui quand ils ne travaillent pas pour ces touristes qu'ils détestent, qu'ils méprisent. Et qui les font vivre.

8

Dans les entrailles de Los Angeles

« Los Angeles est une gigantesque gaufre. Je n'exagère pas : gigantesque. À Los Angeles, "on traverse la ville" signifie "faites pipi et prévoyez la Game Boy, les gosses, on fait deux cents kilomètres". Un quadrillage incommensurablement étendu. Cette ville qui vend le rêve et l'éternité se traîne au sol, nappée d'une couche de pollution si épaisse qu'elle en cache l'horizon. L.A., c'est l'humanité rivée à la poussière, cosmopolite, bigarrée, mais, vue de dessus, tellement uniforme. L.A., c'est la misère et l'opulence pailletée, ghettos, limousines, banlieues proprettes, plages et autoroutes sans fin. Les USA ont réussi à condenser le monde en une ville. Bravo. Et pour y entrer, on nous traite avec autant de suspicion qu'on examinerait des aliens super-bactériologiques venus de Marécageula. »

Journal de bord d'Ariane, quinze ans.

C'est aux États-Unis que nous avons attrapé des puces. « Surtout, ne vous grattez pas ! » J'ai beau enjoindre les enfants de résister, rien n'y fait : comment ne pas céder au plaisir de planter ses ongles jusqu'au sang dans la chair à vif ? Ariane, surtout, choisit d'apaiser temporairement le prurit par le labourage féroce de ses boutons, plutôt que de résister stoïquement comme les deux autres. Elle sait bien, pourtant, que l'unique résultat de son acharnement sera d'exacerber un peu plus les démangeaisons. Croûtes, pustules, eczéma galopant, Los Angeles nous laissera un souvenir inoubliable.

Me fiant aux recommandations du *Guide du Routard*, j'ai cru bon de réserver moi-même un petit hôtel à Venice, juste au bord de l'océan Pacifique. J'étais loin d'imaginer dans quel bouge nous allions atterrir. Le *Routard* a probablement des excuses puisqu'il ne s'agissait pas de la dernière édition, mais je doute que ses auteurs testent toujours leurs « bons plans » : c'est sur la foi de leurs recommandations que nous avons failli nous noyer dans des canaux d'irrigation suspendus dans le vide à la Réunion, que le pittoresque marché de Douala s'est révélé être en réalité un féroce coupe-gorge, et plus généralement, que nous avons fui les lieux touristiques les plus accueillants pour des expériences douteuses. Car le *Routard* déteste les « mimiles » à bob et caméscope, qui constituent pourtant l'essentiel de sa clientèle, et il paraît ignorer que beaucoup de ses lecteurs ont des aspirations simples, comme celle de pouvoir loger et nourrir décemment leurs enfants dans des endroits pas trop déglingués.

Le doute nous a saisis lorsque nous nous sommes engagés dans le couloir délabré et pas franchement encourageant qui menait à la réception. On se serait cru dans le film *Men in Black*, quand le cafard géant élimine le réceptionniste de la morgue. Mais l'hôtel avait quand même un petit côté sympa : bien qu'en mauvais état, les murs pastel étaient décorés de cadres photographiques noir et blanc d'acteurs hollywoodiens des années 1950, le genre de truc qui séduit le *Routard* et lui fait oublier qu'un hôtel sert d'abord à pouvoir dormir dans des chambres propres. Qu'un lieu supposé touristique affiche des photos d'acteurs n'est pas vraiment surprenant dans la cité d'Hollywood et de Beverly Hills.

J'étais fière d'avoir trouvé un hôtel au bord de la plage, certes pas le mythique Hotel California célébré par Eagles, mais nos bourses étaient déjà sérieusement écornées par un mois de pérégrinations. Nous sommes quand même passés devant le California, par acquit de conscience. Malgré ses façades croulant sous le lierre, il nous a surtout donné le sentiment de faire avant tout payer sa réputation. Les enfants ne connaissent pas la chanson de Eagles, de toute façon, vu qu'elle n'a pas encore été formatée en sonnerie de portable. Et puis le California est situé au bord d'une grande artère. Pas comme l'hôtel que j'ai réservé, tellement bien coincé entre deux boyaux que nous allons mettre deux heures à le trouver. Los Angeles n'est qu'une simple expression géographique. Cette prétendue ville se résume à un ensemble de villages surdimensionnés, reliés entre eux par des autoroutes urbaines. Sans un plan adéquat, on peut rouler des heures sans trouver sa destination. Malheur à celui qui se trompe de sortie d'autoroute.

Nous voici donc tous les cinq dans un hall dont la peinture s'écaille, à attendre qu'une jeune femme manifestement débordée veuille bien se pencher sur notre sort. À ce stade, je m'imagine encore avoir trouvé un hébergement « authentique », en bord de mer, recommandé par mon guide de voyage préféré. Pas de doute, les enfants vont adorer. Nous arrivons de Polynésie (six heures de vol), venons de passer trois heures supplémentaires à faire la queue à la douane, une heure dans les embouteillages, avant de parvenir à dénicher l'hôtel, qui dresse sa façade décatie entre une ruelle, une impasse et la plage. Il paraît que ses chambres donnent sur la mer, et même que Charlie Chaplin a occupé l'une d'elles, c'est le *Routard* qui le dit. Nous en salivons d'avance. Si seulement la réceptionniste s'intéressait aux cinq malheureux « mimiles » qui patientent devant elle. Mais non, elle est occupée à régler avec un employé en salopette, muni de seaux et d'outils divers, une affaire qui semble de première importance.

Enfin, elle se tourne vers nous, demande notre nom. Je frémis en lui répondant : tous les hôtels que nous avons croisés en arrivant affichent complet. Pourvu que la réservation effectuée depuis la France, auprès d'un dénommé Pedro qui n'a jamais prétendu envoyer un fax de confirmation, ait bien été enregistrée.

L'hôtel n'est pas si mal organisé que je le redoutais : la réceptionniste sort bien une fiche à notre nom. D'où je suis placée, je peux apercevoir, rayonnant en lettres rouges, le numéro de carte bancaire que j'ai dû à regret abandonner aux mains de Pedro il y a une éternité.

« J'ai préféré vous loger tous les cinq ensemble dans une

grande chambre familiale », nous annonce-t-elle, avec l'air complice de celle qui a décidé de nous faire faire des économies.

Sûr que nous allons hériter de la *Chaplin's room* : c'est une des seules qui soit suffisamment grande pour accueillir cinq personnes. Pour une fois, nous n'allons pas être éclatés aux quatre coins de l'hôtel. Cette cohabitation inattendue nous réjouit.

« J'encaisse tout de suite les trois nuits, comme ça vous serez tranquilles », poursuit la réceptionniste.

C'est la première fois depuis le début de notre voyage que nous devons payer d'avance. Un peu déconcertée, j'acquiesce. À Los Angeles, ils doivent craindre que les gens ne partent à la cloche de bois.

La dame se lance dans des manipulations compliquées, fait cliqueter une machine qui résonne comme un tiroir-caisse, me tend le reçu à signer. J'ai le temps d'y apercevoir un montant certes modeste comparé à l'hôtel California, mais néanmoins assez éloigné du chiffre que m'avait annoncé Pedro. J'imagine que la chambre à cinq doit être particulièrement exceptionnelle pour pouvoir héberger cinq personnes. Une suite avec vue sur mer sans doute.

Après avoir examiné longuement un tableau garni de clés diverses, la réceptionniste finit par m'en tendre une :

« Il faut payer une caution de dix dollars pour la clé. Je vous la rendrai quand vous partirez. »

Ah bon. Les clients des hôtels de L.A. semblent décidément incorrigibles. Eh bien, payons.

Au moment où nous tentons tant bien que mal d'engouffrer nos sacs dans le minuscule ascenseur – l'homme en salopette nous y a précédés et occupe à lui seul environ la moitié de l'espace disponible –, la réceptionniste nous hèle : « Nous avons eu un petit problème avec la salle de bains, mais ne vous inquiétez pas : ce soir, tout sera réglé. »

Traînant nos sacs, nous parcourons un couloir oscillant entre le chantier et la cité d'urgence. Les portes des chambres sont fraîchement repeintes, dans un violet fluo du plus bel effet, mais visiblement, les artistes ne sont pas encore parvenus jusqu'à la nôtre. Elle est toute grise et moche, son numéro inscrit au feutre noir. Juste à côté, une porte vitrée bée sur le vide. Bonne nouvelle : nous sommes à côté de l'issue de secours. Mauvaise nouvelle : l'escalier de secours s'est effondré.

« Les enfants, vous ferez très attention à ne pas vous tromper de sens, quand vous sortirez de la chambre », s'inquiète le *bonus pater familias.*

En pénétrant dans notre suite, nous sommes un peu désappointés. D'abord, elle se résume à un minuscule cagibi encombré de lits superposés donnant sur deux façades aveugles. Charlie Chaplin a dû l'occuper quand il a débarqué aux States, pauvre immigrant désargenté. Ensuite, elle pue atrocement la vieille chaussette. Enfin, aussi minuscule qu'elle soit, elle est déjà occupée : l'homme en salopette nous y a précédés. Il bricole dans la salle de bains.

« Ce n'est pas le *Guide du Routard* qu'il devrait s'appeler ton bouquin, mais le guide du connard ! s'exclame Ariane, révulsée.

– Sois sympa, ne fais pas ta princesse au petit pois, lui répond son père, pas mécontent de montrer à sa progéniture que, tout haut responsable qu'il soit, il sait encore vivre à la dure. »

Lui et moi nous jetons un coup d'œil complice. Nous avons commencé notre vie de couple en voyageant en 4L, la canadienne pliée dans le coffre. Il a fallu des années avant que nous puissions nous offrir des hôtels corrects. Nos enfants, eux, n'ont pas eu à connaître cette période de vache maigre. Qu'ils expérimentent des conditions d'hébergement un peu rudimentaires !

« Ne vous plaignez pas : vous avez de vrais lits, avec des draps, et même une salle de bains dans la chambre. Elle aurait très bien pu se trouver au bout du couloir ! »

Je crois nécessaire d'en rajouter, sur le mode « j'ai fait la guerre, moi, scrogneugneu ».

« Justement, j'aimerais bien faire pipi », dit la petite, aussitôt vigoureusement approuvée par les aînés.

Tous trois jettent un coup d'œil furibard à l'homme qui occupe la salle de bains. Je lui demande s'il accepte de sortir quelques instants, désignant d'un air que je crois éloquent les trois enfants. Il sort en effet, mais sans quitter la chambre. Médusée, je le regarde se planter devant la porte des toilettes, attendant visiblement qu'on lui laisse à nouveau le champ libre.

Un à un, les enfants occupent la salle de bains, le plus rapidement possible, en s'excusant. Salle de bains, le mot est excessif : plutôt un cabinet de toilette en réalité. La douche et la cuvette des W.-C. se jouxtent à se toucher. Le sol inondé est déjà crasseux de traces de pas. Les tennis clapotent sur le carrelage en y déposant à leur tour leur quota de boue américaine.

« On se croirait à Lamalou-les-Bains ! » s'écrient les ados.

Ils conservent un souvenir inoubliable d'une nuit dans cette station thermale, où j'avais été gentiment invitée à participer à un café littéraire. Leur chambre dégageait une puanteur aussi indéterminée qu'insoutenable. La nôtre semblait presque correcte, jusqu'à ce qu'une pluie diluvienne se mette à tomber au cours de la nuit. Comme dans le film *Ring*, une tache a commencé à grandir au plafond. J'avais l'impression que le plâtre pourri allait s'effondrer brutalement, nous tuant dans notre sommeil. Appelé, le réceptionniste resta serein : « C'est simplement la terrasse supérieure qui fuit : nous avons un problème d'étanchéité. Ne vous inquiétez pas. » Nous nous sommes endormis d'un sommeil agité, jusqu'à ce qu'un sentiment de noyade me réveille : l'eau coulant du plafond inondait résolument le lit, me tombant pile sur les jambes. À la réception, plus personne : comme dans les films d'horreur, tout le monde avait fui. En errant dans les couloirs sinistres, je tombe sur un vieux veilleur de nuit. Il se montre désolé mais impuissant. Je regagne donc ma chambre, désespérée. Étrangement, mon mari y dort d'un sommeil si profond qu'il paraît mort. Un certain temps plus tard, le gardien vient frapper à la porte, un seau de ménage crasseux à la main. Il le pose sans autre formalité au milieu du lit, juste sous la fuite, et je termine la nuit le seau entre les jambes, avec l'eau qui tombe goutte à goutte du plafond. C'est juste une habitude à prendre, finalement, parce que j'ai très bien dormi. Un peu écartelée certes, mais bercée par le ploc-ploc-ploc régulier. Au matin, le seau est tout à fait plein. Dehors, un beau soleil brille. Et nous nous sauvons avec soulagement.

Ici, pas question de se sauver. Il faut rester trois jours. Ouvrir les fenêtres à guillotine ne suffit pas à chasser la puanteur. Je vérifie sous les lits, au cas où un routard achèverait de s'y décomposer, puni pour avoir refusé de rendre sa clé. Et je découvre la coupable : la vieille moquette râpée dégage d'insoutenables relents. Elle a des excuses : elle est trempée. La salle de bains s'est chargée de lui régler son compte.

« Celui qui marche en chaussettes est mort », prévient Romain.

Il vient d'expérimenter la chose à ses dépens, ce qui le condamne à réintégrer deux choses immondes et spongieuses dans ses baskets : je refuse de fouiller dans les sacs de voyage pour lui dénicher une paire propre (et sèche) tant que l'homme n'a pas quitté les lieux.

Finalement, c'est nous qui fuyons, décidé à oublier nos mésaventures pour profiter de la plage avant que la nuit tombe. Dehors, une foule aussi hétéroclite que compacte déambule sur Ocean Front Walk, le boulevard de bord de mer, interdit aux voitures. Des sportifs courent au milieu des badauds, l'œil sur la montre. La plupart sont d'impressionnants bodybuildés à l'image du gouverneur de Californie, Arnold Schwarzenegger, qui venait naguère pratiquer le culturisme sur Muscle Beach, la bien nommée. Mais on voit aussi passer beaucoup d'obèses, qui ébranlent avec une détermination admirable une impressionnante masse graisseuse. Il est tellement difficile de les imaginer pratiquer la course à pied plus de cinq minutes qu'ils donnent le sentiment de sortir tout juste de chez eux après avoir entendu leur cher président mettre en garde la nation américaine contre les dangers du surpoids.

Le boulevard ressemble à un gigantesque marché à ciel ouvert : on y vend, on y vante, on y expose tout et n'importe quoi. Des adeptes de Bob Marley, les dreadlocks engoncées dans un bonnet tricoté aux couleurs jamaïcaines (orange, rouge, vert) proposent des pipes de marijuana (non garnies, mais je suis sûre qu'en insistant un peu...). Des Asiatiques tentent de détourner quelques passants du flot pour les mener à des chaises inclinées où les téméraires peuvent se faire savamment masser le dos. D'autres artistes se proposent d'écrire votre prénom sur un grain de riz (l'intérêt de l'opération reste mystérieux), ou bien de se livrer sur vous aux sévices les plus variés : tatouages, percements divers, leur art corporel ne connaît d'autres limites que celles de votre bourse, et éventuellement de votre conscience. On peut même rester là, simplement, à écouter de la musique – n'importe quelle musique. Ou signer des pétitions contre ce salopard de Bush accusé de restreindre les libertés individuelles. Elles vous sont tendues par des vendeurs de tee-shirts portraiturant le susnommé, assorti de l'inscription « Un village a perdu son idiot ». On peut aussi partir en guerre contre ces satanées autorités municipales qui osent désormais exiger que les bonimenteurs paient une redevance pour installer leurs stands sur le boulevard. Prétendre taxer la Cour des Miracles suscite une indignation unanime : comment peut-on ainsi brider la création artistique ?

Une foule épaisse flâne, nonchalante, en se repaissant du spectacle. On a le droit de photographier les sculptures en sable comme les hommes peints, à condition de payer. Tout cliché suppose d'exhiber préalablement le billet libérateur. Les Africains appellent cette pratique le « tais-toi » : avec le bakchich, tu réduis ton interlocuteur au silence. Ici, le capitalisme poussé à l'extrême fonctionne à l'identique. Sauf que le prix à payer ne donne pas lieu ici à d'épuisants marchandages. Le tarif est connu : avec un dollar, les curieux peuvent emprisonner le monde dans leur boîte à images. Ils ne s'en privent pas.

J'avais bien remarqué en arrivant que le quartier était un peu décati. Pour tout dire, Venice ressemble assez furieusement à une métropole du tiers-monde. Ce quartier a eu son heure de gloire, du temps où ses canaux, construits par un milliardaire nostalgique, donnaient le sentiment aux habitants de Los Angeles d'avoir leur propre Cité des Doges bâtie sur le Pacifique. Piliers de bois, fantasques maisons, Venice fut une réplique fascinante de Venise. Aujourd'hui, elle semble en voie de clochardisation accélérée. Cette ultime visite (car je me suis juré de ne jamais remettre les pieds à Los Angeles) m'a terrifiée. Bien plus que son modèle méditerranéen, Venice sombre dans la décadence et le délabrement. Il semble que les services de voierie aient cessé d'exister, ou qu'ils aient rayé de la carte cette partie de Los Angeles, dont ils préfèrent sans doute ignorer l'existence.

Papiers, sacs plastique, excréments, crachats et vomissures, Venice exhibe ses entrailles comme même la ville africaine la plus pauvre n'oserait le faire. Partout, dans les encoignures, des déchets humains au dernier degré de l'abrutissement. Drogués misérables, d'une saleté extrême, dont les plus vaillants parviennent tout juste à traîner leur carcasse décharnée. Mi-menaçants, mi-suppliants, ils accostent les promeneurs dans l'espoir de trouver une âme compatissante. Une aumône de quelques pences leur garantira de sombrer plus rapidement encore dans leur œuvre d'auto-anéantissement programmé. Sous chaque porche, des clochards, enfouis sous leurs couvertures crasseuses, un chien pelé pour tout compagnon. Et puis, parfois, abandonnée sur un banc crasseux, une femme seule, les yeux révulsés, dodeline en serinant toujours la même berceuse, comme si elle avait cessé depuis longtemps d'appartenir au monde des vivants.

La foule les ignore, ou au contraire s'en repaît, protégée par l'affluence et l'éclatante lumière du jour. La misère se dilue dans la tropicalité des palmiers, rafraîchie à point par une petite brise océanique. À intervalles réguliers, des surfeurs en combinaison noire traversent la scène, leur planche sous le bras. Pieds nus, ils marchent d'un pas déterminé vers la plage, ignorant mendiants, bateleurs et badauds. Intrigués, nous leur emboîtons le pas : existe-t-il, derrière le premier plan urbain, une existence marine ? Las, la mer est grise et agitée, et ses vagues désordonnées ne permettent pas vraiment de se lever sur sa planche. Les surfers font partie de la parade, comme le reste. Nous observons quelques instants leur manège : ils entrent dans l'eau, rament frénétiquement (occupation qui représente de toute façon la principale occupation du surf), tentent sans conviction de prendre une vague, échouent, se remettent à ramer. Après quelques minutes de ce manège, s'estimant probablement quitte de toute activité physique pour la journée, le surfeur sort de l'eau et retraverse la scène dans l'autre sens. Il est temps d'aller s'installer avec les potes au café pour regarder les nanas passer.

Au fur et à mesure que le soleil descend sur l'horizon, l'atmosphère change. Ocean Boulevard se vide petit à petit de ses promeneurs insouciants. À sept heures du soir, comme si un signal mystérieux avait été donné, les commerçants ambulants plient précipitamment bagage. Ils repartent en charriant des triporteurs bondés de caisses et de matériel, sans jeter un seul coup d'œil en arrière. Toutes les petites échoppes tirent en même temps leur rideau de fer, après avoir entreposé dans un local soigneusement clos toutes les pacotilles clinquantes qui ont claqué au vent toute la journée.

Peu à peu, les devantures n'opposent plus au regard qu'un mur uniformément gris et opaque. Les derniers curieux se hâtent, comme s'ils venaient de prendre conscience de l'incongruité de leur présence. À sept heures dix, l'avenue tout entière, jonchée d'ordures balayées par le vent, a pris l'allure d'une ville morte. Même les palmiers ont viré au gris. Les derniers passants frissonnent. Le bord de mer est devenu sinistre.

C'est alors qu'émergent les morts vivants. De tous les recoins, les soupentes, les ruelles adjacentes, ils sortent de l'ombre, un à un. Loqueteux, souvent ivres, parfois menaçants, mais plus souvent encore indifférents aux autres, tant ils sont aux prises avec l'effondrement d'eux-mêmes, les voici qui envahissent l'espace urbain, accompagnés de leurs chiens, de leurs litrons, de leurs chariots remplis de cartons et de vieux vêtements. Ils ne lâchent jamais leurs maigres biens, de peur que plus misérable qu'eux encore ne s'en empare. Venice leur appartient.

Voici la face cachée de l'Amérique, celle qui peuple les *downtown* des villes lorsque les bureaux ont fermé, celle qui pille la Nouvelle-Orléans en proie au déluge. Celle qu'on laisse crever dans l'indifférence. Tous les miséreux, les rejetés, dont nul ne se préoccupe, ni pour les secourir ni même pour les sanctionner : ils ont cessé d'exister. Ils sont condamnés à vivre dans les coulisses, ne sortant que lorsque la pièce fait relâche, lorsque la vie normale s'est réfugiée dans le confort des habitations climatisées, les voitures bien à l'abri dans les garages, les enfants fixés devant les télés. Les morts vivants sont les entrailles de Los Angeles. Ils puent et font peur, alors la ville refuse de les voir. Qu'ils vivent ou qu'ils crèvent, peu importe : l'Amérique triomphante n'a que faire de ses laissés-pour-compte.

Notre hôtel est situé en plein dans les entrailles. De notre fenêtre, nous voyons un bordel allumer ses lumières roses, indiquant ainsi à tous ceux qui courent les bas-fonds, refusant l'Amérique bien-pensante de Bush, qu'ils peuvent venir consommer leur dose de sexe tarifé. Sur les façades de brique, courent des dragons de pierre, des chimères et des gargouilles, comme si la maison close entendait ainsi revendiquer clairement son infamie. Il est temps de se réfugier dans la chambre, avec les enfants. La pièce est si petite qu'on se croirait dans un refuge de montagne, avec les lits superposés, les rayonnages sordides et la lumière incertaine. Il reste si peu d'espace qu'il a fallu entasser les sacs contre la porte. Ou bien avons-nous voulu ainsi, inconsciemment, nous barricader contre la menace extérieure ?

Dehors, ça braille, ça gueule, ça rit, ça s'insulte, des bouteilles se fracassent contre le sol et des poubelles roulent sur l'asphalte. Dedans, la chasse d'eau fuit, ce qui empêche de la tirer ; la douche se résume à un tuyau dépourvu de pomme. Lorsqu'on ouvre le robinet, il en jaillit un jet d'une puissance meurtrière. Il faut soit l'affronter et accepter de se faire transpercer la peau par mille aiguilles aiguisées, soit s'y soustraire, en tentant de capter de la main l'eau qui permettra de se frictionner tant bien que mal. Visiblement, le bricoleur en salopette a échoué. Il s'est enfui sans demander son reste. Sans espoir de retour non plus : pendant trois jours, nous devrons endurer la douche au karcher. *Back to Lamalou-les-Bains.* Cette fois encore, l'activité thermale est directement intégrée dans la piaule. Au moins sommes-nous à l'abri dans notre chambre, tous ensemble. La nuit n'est qu'un mauvais moment à passer, en attendant le retour du jour, des petits vendeurs et des promeneurs.

Contre toute attente, les ados adorent Venice. Ils ont enfin l'impression de vivre une grande aventure, trouvent la ville excitante. Nous jouons les rabat-joie en leur interdisant de déambuler seuls dans les rues. Et rachetons notre frilosité en déversant les dollars qui leur permettent de se barder de tee-shirts à l'effigie de Bowie et d'AC/DC. Pour nous faire pardonner notre ringardise, nous qui haïssons cette ville inhumaine, nous consentons à tout, y compris à une journée presque entière dans les studios Universal, qui les plonge définitivement dans l'extase. Nous sommes prêts à toutes les compromissions, plutôt que les laisser traîner à Venice.

Le parc d'attractions est tellement bondé que les plus fortunés peuvent, en acquittant un supplément exorbitant, acheter des coupe-files. Une fois de plus, la règle d'or du capitalisme règne en maître : tous les privilèges à ceux qui peuvent payer, les sourires, les courbettes et l'accès privilégié aux attractions ; aux autres, les files d'attente, le piétinement, la fatigue. Pourtant, l'entrée des studios est à elle seule suffisamment chère pour que chacun puisse espérer y bénéficier d'un traitement de faveur. Mais non, l'argent continue, toujours et partout, d'opérer sa sélection, entre les intégrés et les autres, entre ceux qui ont droit aux égards et ceux qui sont condamnés à rester anonymes. Sauf s'ils décident de mettre le feu.

Après Universal, c'est sur Hollywood Boulevard que nous finissons la journée. Pendant que les enfants mangent des pizzas et se font photographier au milieu des sosies de

Johnny Depp (dans *Pirates des Caraïbes*), de Fiona l'ogresse (dans *Shrek*, mais après la métamorphose nocturne malheureusement) et de Dark Vador, nous soupirons de soulagement : les voici redevenus des enfants, loin des punkettes à résilles et des Hell's Angels de Venice. Ils conserveront de leurs trois jours à Los Angeles un souvenir émerveillé.

Le dernier matin, tandis qu'ils sont partis déambuler une dernière fois sur le boulevard, je me lance dans le rangement des sacs. Le manque d'espace rend l'exercice délicat, et, dans ces cas-là, toutes les mères de famille préfèrent qu'on leur débarrasse le plancher. Même si le plancher est en l'espèce une moquette pourrie qui n'a toujours pas dégorgé en trois jours. Au moins l'hôtel dispose-t-il d'une buanderie, où tout le linge familial a enfin pu retrouver une apparence à peu près acceptable. C'est l'intérêt des hôtels pour routards comparés aux cinq-étoiles : dans ces derniers, vous mettez dans le petit sachet plastique prévu à cet effet une unique chemise dont le nettoyage vous est facturé à prix d'or ; dans les premiers, vous enfournez des valises entières de vêtements malodorants dans d'immenses machines à laver pour le prix d'un quarter, vous revenez trente minutes plus tard afin de transférer votre lessive toute propre dans un séchoir tout aussi gigantesque, et... le tour est joué : vous voilà remis à neuf, fier comme Artaban de sentir (enfin) bon.

Tandis que je plie avec délectation le linge propre, un petit point mouvant sur l'oreiller attire mon attention. Je l'examine de plus près : on dirait une puce (depuis que nous avons des chiens à la maison, je suis devenue une spécialiste), mais une puce qui ne sauterait pas. Bizarre. Je dois faire erreur, confondre un inoffensif petit insecte avec le parasite bondissant. Dans le doute, j'écrase impitoyablement l'animal avec un mouchoir en papier. Immédiatement, l'oreiller se tache d'un liquide bien rouge, dont l'origine ne laisse subsister aucune ambiguïté. Surtout, ne rien dire aux autres membres de la famille, leur séjour risquerait d'être gâché. Et relaver intégralement tous les vêtements à notre prochaine escale.

Tandis que je traîne un à un les sacs dans le couloir, soulagée de fuir enfin L.A., les enfants reviennent avec leur père. Ils sont ravis de me montrer leurs dernières acquisitions, dont je me demande comment elles vont pouvoir tenir dans les sacs bondés (et pourvus d'hôtes indésirables, je le sais à présent). Déambuler une dernière fois dans l'atmosphère déjantée de Ocean Front Walk les a comblés.

« Papa, je voudrais tellement vivre ici ! » s'exclame Romain, extatique, tandis que l'aînée commence déjà à se gratter.

9

Des parcmètres dans la nature

« J'imaginais Vancouver comme une petite ville au bout du monde où il fait glacial. [...] Des restaurants servant de la chair de caribou, remplis d'explorateurs racontant leurs aventures dans l'Arctique sur fond de musique classique. Pas plus de trois voitures en ville. En réalité, c'est une grande ville très ressemblante à Los Angeles, en plus propre. Le soir, les rues débordent de lumières qui viennent des night-clubs, des spots publicitaires, des immeubles. Les policiers sont invisibles, mais partout. [...] Un homme ivre se jette sur un autre et tente de l'étrangler. Immédiatement, quatre baraqués le plaquent et appellent la police. Celle-ci arrive aussitôt en finissant son jus de pomme et met les menottes au mec. »

Journal de bord de Romain, douze ans.

Il faut se promener à Vancouver pour comprendre pourquoi Véronique Sanson lui a consacré une chanson. À l'extrême ouest du Canada, surplombé par la couronne blanche des Rocheuses, le fameux port de Vancouver offre une incomparable qualité de vie, qui justifie largement sa réputation. Comme Sydney ou Auckland, la ville conjugue le miroitement d'une baie maritime, où la nature semble préservée, avec l'efficacité urbaine nord-américaine, plan en damier et larges artères. Le talent anglo-saxon consiste à savoir intégrer des espaces verts au cœur des métropoles. Le citadin bénéficie des facilités de la ville tout en profitant de la campagne. Quand il se promène au milieu des immenses pins noirs du Stanley Park, il pourrait presque se croire perdu au fond des bois.

Et pourtant, rien de plus construit par les hommes que cette végétation apparemment « sauvage » et « préservée » de l'Amérique du Nord et de ses anciennes colonies : les immenses jardins de Sydney, peuplés de chauves-souris géantes et d'araignées mortelles, comme les parcs dits naturels des États-Unis, du Canada ou de la Nouvelle-Zélande, offrent un paysage reconstitué selon la représentation que le citadin se fait de la nature. Les arbres et les plantes qui y poussent ont été plantés en fonction d'une sélection draconienne. Sur une planète où plus d'une personne sur deux vit désormais en ville, la « nature sauvage » est façonnée en fonction des attentes et du goût des citadins, et ceux-ci varient selon les époques et les lieux : le jardin à la française, avec ses allées impeccablement dessinées, n'a rien à voir avec l'aimable fouillis du jardin à l'anglaise, encore moins avec la nature miniaturisée et symbolisée du jardin japonais...

Les Anglo-Saxons des nouveaux mondes, qui ont conquis leurs terres au lance-flammes, dévastant des territoires gigantesques au nom de la nécessité de survivre dans un univers jugé hostile, se sont très vite repentis en sacralisant la *wilderness*, la nature sauvage. À l'univers urbain des grandes métropoles, ils ont associé d'immenses espaces verts. Les « grands espaces » chers aux Canadiens, à portée de main. Le Stanley Park offre ainsi, tout proche du centre de Vancouver, une forêt de pins géants, des taillis et des fougères desquels on ne serait pas surpris de voir surgir des ours. Le pont de fer qui symbolise la ville en jaillit, reliant le centre des affaires aux quartiers nord et au terminal d'embarquement des ferries vers les îles avoisinantes.

Comme dans toutes ces villes neuves qui paraissent en perpétuel chantier, gagnant sans cesse de nouvelles terres sur la mer au prix de remblaiements prométhéens et de pilotis géants, Vancouver se caractérise par un pont eiffelien : le Lion's Gate. Comme le Harbour Bridge de Sydney, le pont d'Auckland ou le Golden Gate de San Francisco, sa silhouette arachnéenne enjambe l'estuaire autour duquel s'organise la ville, lui conférant une identité visuelle inoubliable. Chacun de ces ponts a son histoire et un surnom familier. L'un est apparenté à un « cintre » ; on peut se donner le frisson de l'aventure en escaladant l'arche supérieure du second, soigneusement encordé quand même... Tous marquent la volonté des habitants du Nouveau Monde de surmonter les obstacles naturels, voire de les éliminer, pour façonner des territoires à leur image. Des territoires où la nature présentée comme « sauvage » a été depuis longtemps reconstituée par l'homme, domptée jusqu'aux limites où elle aurait cessé d'offrir le frisson de l'aventure.

Après avoir soigneusement construit leurs parcs afin de bénéficier d'espaces récréatifs commodes, les Anglo-Saxons n'entendent pas se priver du plaisir de les utiliser : au jardin botanique de Sydney, de grands panneaux invitent le promeneur à marcher sur l'herbe (« *Please walk on the grass* »). Imagine-t-on pareille faveur des cerbères ronchons de nos parcs parisiens, pour qui oser poser un pied sur la pelouse relève du sacrilège ? Ici au contraire, les gazons sont peuplés. Les taches multicolores des petits groupes avachis çà et là sur l'herbe égayent les immenses étendues vertes qui se déploient, comme à Central Park, au pied même des immeubles, procurant aux citadins confinés au milieu des buildings un sentiment de liberté euphorisant.

En réalité, les dispositifs de surveillance en vigueur dans les espaces verts anglo-saxons sont bien plus violents que l'apparente agressivité maussade du vieux gardien de parc parisien : ici, tout est sous contrôle, même, et surtout, la liberté. Des armadas de jardiniers et de *rangers* veillent en permanence à préserver l'harmonie des paysages. C'est une véritable course à l'intrus : intrus végétal pour le jardinier, qui arrache sans pitié la « mauvaise » herbe, intrus animal, voire humain, pour le ranger. Oui à l'ours, non à l'opossum. Oui à la « famille Ricoré », deux enfants, une jolie maison, un comportement citoyen exemplaire, non au sans-abri.

Dans la nature anglo-saxonne, le clochard est aussi prohibé que l'herbe parasite. Beaucoup de visiteurs, certes, mais des visiteurs contrôlés, intégrés, obéissants.

La re-création de la nature est telle que lorsqu'il déambule sous les hautes futaies, le promeneur pourrait s'imaginer qu'il s'est perdu au fin fond de la brousse. Les hordes de cyclistes et de joggeurs le ramènent bien vite à sa condition de citadin. Qu'il n'oublie surtout pas de mettre de l'argent dans le parcmètre : le long des routes qui sillonnent les parcs (car, bien sûr, il faut pouvoir accéder à la nature dans les conditions les plus urbaines possibles), d'omniprésentes silhouettes de métal rappellent que le bonheur de profiter de la nature a un prix. Pas question de garer sa voiture ailleurs que sur les emplacements autorisés, forcément à péage. Le distrait ou l'indiscipliné qui n'aurait pas payé la dîme se voit immédiatement sanctionné par une amende, quand il ne s'agit pas d'une punition plus radicale encore : sabot immobilisant la roue, voire enlèvement pur et simple du véhicule. La réaction des autorités contre les contrevenants intervient si rapidement que l'on en vient à se demander si chaque tronc d'arbre ne dissimule pas un contractuel embusqué. Même dans les immenses espaces de l'île de Vancouver, loin de toute grande ville, il faut prendre un ticket de parcmètre pour se garer dans la forêt. En contrepartie, le promeneur a la chance de pouvoir utiliser une cabane en rondins, chance inouïe car si cette cabane n'existait pas, il serait obligé d'enfreindre la loi et la bienséance : se livrer dans la nature à ce que l'on appelle ses besoins naturels est sévèrement prohibé. Un livre, qui connaît un succès d'édition assez remarquable aux États-Unis, est ainsi consacré aux méthodes les plus politiquement correctes pour un acte vieux comme la nuit des temps. Son titre en français a choisi d'annoncer clairement la couleur, si l'on peut dire : *Comment chier dans les bois* [1]. On y apprend donc les mille et une règles, non pas de politesse, mais d'écologie quant à la meilleure façon de faire la chose sans agresser l'environnement. Car il faut aussi, désormais, déféquer bio.

La civilisation anglo-saxonne veille à tout. Ainsi, l'art du pique-nique y est véritablement magnifié : partout, s'il a bien garé sa voiture au lieu prescrit, le promeneur est assuré de pouvoir bénéficier, à proximité, de tables en bois écologique, certes généralement crasseuses, mais qui présentent l'avantage (considéré cependant comme discutable aux yeux de certains mauvais coucheurs) de jouxter des poubelles blindées du plus charmant effet. Il faut décourager les ours et autres charmantes bêtes de la forêt de se nourrir aux frais du promeneur. À tous les sens du terme d'ailleurs : les familles sont invitées à ne pas quitter leurs enfants des yeux, car les pumas adorent, paraît-il, se jeter sur eux.

1. Kathleen Meyer, éditions Edimontagne, 2001.

J'essaie d'imaginer des parcmètres, des toilettes et des poubelles blindées dans la forêt de Fontainebleau. Ce serait le plus sûr moyen de la transformer en décharge publique. Les parcmètres, jamais utilisés, seraient néanmoins vandalisés, les toilettes immédiatement réduites à un état de puanteur indescriptible et transformées en lieu de réunion pour des individus un peu bizarres. Et les poubelles blindées se retrouveraient très vite environnées de sacs plastique débordant d'ordures malodorantes. Parce que personne n'aurait su comment les ouvrir, mais tout le monde aurait compris, en revanche, qu'on pouvait venir déposer sans problème ses déchets à cet endroit-là, puisque quelqu'un était censé venir les ramasser. Les Latins estiment que la nature appartient à tous, mais que personne n'en est responsable en particulier. Les Anglo-Saxons pensent exactement le contraire.

Les mentalités sont difficiles à changer : en France, nous sommes habitués à ce que nos campagnes et nos forêts soient librement accessibles. Toute tentative de privatisation et d'aménagement d'un lieu jusque-là public donne lieu à de féroces résistances. Lorsque le pont du Gard, fréquenté sans entraves depuis toujours par les pique-niqueurs et les baigneurs, fut mis sous cloche par une société d'aménagement, qui en conditionne désormais l'accès au paiement d'un droit d'entrée, la première réaction des Français fut de le fuir. Pourtant, le musée qui a été créé sur place, les expositions temporaires qui y sont montées magnifient le lieu plus qu'ils ne le parasitent. Il n'empêche que les Gardois sont furieux : on leur a enlevé *leur* pont. Tout est bon pour économiser le prix du parking, même si les visiteurs n'ont ensuite aucun scrupule à profiter des toilettes et des tables de pique-nique. La taxe sur les raquettes que certaines stations de ski sont en train de mettre en place suscite l'indignation des promeneurs, qui sont pourtant heureux de trouver des chemins de randonnée balisés. Or, qui s'occupe d'aménager la montagne, sinon les municipalités concernées ?

Dans le monde anglo-saxon, au contraire, tout le monde s'acquitte scrupuleusement de son écot, manifestation tangible d'un comportement qui se veut écologiquement responsable. En apparence tout du moins, car partout, les climatisations sont poussées à fond et beaucoup de familles ne conçoivent pas de rouler autrement que dans de gros 4x4. Même au cœur de la forêt, les promeneurs se garent dans des emplacements soigneusement délimités, et ils paient. En contrepartie, ils ont droit à des tables de pique-nique, à un robinet d'eau potable et à des chemins soigneusement signalisés. D'où il est interdit de s'écarter sous peine de crime de lèse-nature. Le respect de ces règles est admirable. Il ne viendrait à personne l'idée de cueillir des fleurs, de déplanter un conifère pour agrémenter son jardin, ou de ramasser des sacs et des sacs de champignons, sports nationaux dans nos contrées latines. L'espace public est librement accessible, et parce qu'il est ouvert à tous, tous le respectent.

Mais il ne faut pas se leurrer sur l'apparente bonhomie du système : la confiance collective est garantie par une surveillance tout aussi collective et une répression impitoyable de tout ce qui est jugé hors norme. Partout, des pancartes « *Neighbourhood watch area* » invitent les riverains à coopérer avec la police pour surveiller leur quartier et signaler aux autorités toute personne étrangère ou tout comportement jugé « déviant ». Certes, nous ne sommes pas encore en Corée du Nord, pays qui a poussé la méthode à l'extrême : les familles y sont regroupées par groupes d'une dizaine environ, chacune d'entre elles étant sommée de vérifier que les autres appliquent scrupuleusement les consignes du Parti. Les supposés dissidents sont envoyés dans des camps de travail, modernes goulags, avec toute leur famille (il faut éradiquer largement la mauvaise herbe). Dans le monde anglo-saxon, Big Brother pointe partout le bout de son nez : dans les aéroports, dans la surveillance informatique, dans le système d'espionnage informatique américain, qui permet de contrôler toutes les correspondances privées, dans le regard suspicieux des habitants vérifiant qui traverse leur quartier. La surveillance de la sphère intime est l'un des fondements du totalitarisme. Il n'est pas certain au bilan que la sécurité collective en soit améliorée : dès que l'étau se relâche, c'est le chaos. Les habitants de Wisteria Lane, la rue modèle du feuilleton *Desperate Housewives*, ou ceux de la petite ville apparemment parfaite du film de Tim Burton,

Edward aux mains d'argent, tentent d'ignorer qu'autour de leurs pelouses soigneusement tondues, sous le vernis parfait des convenances, se dissimulent bien des turpitudes, et ils rejettent tous ceux qui n'entrent pas dans la norme. Y compris les pauvres.

Dans la journée, Vancouver respire la douceur de vivre. À une réserve près : se garer. Il est difficile de comprendre comment le monde anglo-saxon, monde de l'automobile par excellence, peut la haïr à ce point. Tout est conçu pour les voitures : autoroutes urbaines, villes éclatées qui exigent des trajets interminables – pour se rendre au supermarché, à son travail ou tout simplement d'un quartier à l'autre. Services, cinéma, restaurant... tout peut se faire au volant. Mais vous êtes prié de ne pas sortir de votre véhicule. De toute façon, il est tout bonnement impossible de se garer. Une fois qu'elle est sortie de son emplacement prédéterminé, garage, bureau, parking du supermarché, la voiture n'a pas droit de cité.

Pourtant, en principe, quand un conducteur prend le volant, ce n'est pas simplement pour le plaisir de rouler. Mais il n'a pas le choix : la ville est éclatée sur des dizaines de kilomètres, voire des centaines dans le cas de L.A. Les gigantesques embouteillages de ces cités qui n'en sont plus attestent de l'absurdité du système, du gigantesque gaspillage qu'il entraîne. Les autoroutes urbaines sont déjà aussi larges que des pistes d'atterrissage (les pilotes des avions en perdition s'en sont rendu compte depuis longtemps). Les voitures y stagnent parce qu'elles sont partout indésirables, sinon sur les voies de circulation. Apercevoir un coin sympa et s'arrêter pour flâner, faire quelques emplettes, visiter un monument public, avant de repartir ailleurs, supposent une telle débauche d'énergie que la plupart renoncent : il est tout bonnement impossible de se garer. La liberté à laquelle, en principe, l'usage d'une voiture permet d'accéder est déniée par la haine croissante de la voiture qui semble gagner les édiles des métropoles occidentales. Il faut désormais être jeune, en bonne santé, avoir du temps et rien à transporter pour pouvoir savourer la ville. Les familles des classes moyennes ou populaires, qui sont obligées de s'exiler en lointaine banlieue parce que le coût des logements en ville est prohibitif, sont condamnées à vivre en périphérie des quartiers centraux. Soit ces derniers sont totalement déclassés et clochardisés, soit ils sont réhabilités à grands frais, transformés en décors de cinéma pour le plus grand plaisir des touristes, et seuls les plus riches ont les moyens d'y vivre, les moyens de s'offrir un chauffeur et d'acquitter des péages, des loyers et des parkings exorbitants. Impossible aux classes moyennes de venir en famille de banlieue, en transportant dans le coffre de la voiture la poussette du petit dernier (qui dort tranquillement dans son siège-auto en attendant que sa mère soit parvenue à destination), le sac de courses et d'accessoires indispensables (biberon, couches, vêtements de rechange parce qu'un enfant est toujours capable des prouesses les plus inattendues), qu'on n'a pas forcément la possibilité ni l'envie de treuiller dans les transports en commun. Ni même le *droit*, tant les poussettes, les landaus, voire les fauteuils roulants sont perçus comme encombrants et indésirables. Le citadin moderne se doit d'être seul, libre et riche, parce que les villes, conçues pour le déplacement des voitures, détestent voir ces dernières immobilisées. Une voiture n'est tolérée que lorsqu'elle roule.

Ce qui était vrai pour les villes anglo-saxonnes le devient pour le reste de l'Occident développé : Rome, Paris font désormais la chasse aux voitures. Mais alors, comment vivre en ville, alors que l'éclatement des fonctionnalités urbaines a été conçu dans un système où l'individu ralliait les différents quartiers à bord de son véhicule privé ? Comment se rendre à l'hypermarché, au cinéma, au lycée et au bureau, en un mot relier les périphéries urbaines, sans voiture ? En trouvant le mode de transport en commun adéquat ? Mais ils sont trop souvent non seulement radiaux plutôt que transversaux, mais aussi sporadiques et défectueux, voire dangereux.

Maintenant, imaginez la famille de touristes qui a décidé de s'octroyer un minimum d'indépendance, au lieu de confier le moindre de ses déplacements à un tour-opérateur. Cinq personnes, autant de valises, le ferry à prendre l'après-midi même, et la chambre d'hôtel qu'il a fallu libérer à dix heures du matin. Avec sa voiture pleine à craquer, qui doit légalement rouler phares allumés en plein jour parce que c'est une voiture de location – ainsi tout le monde peut les voir arriver de loin, ces imbéciles de touristes –, la famille erre dans la ville dans sa grande auto bondée. Et elle réalise qu'elle ne peut s'arrêter nulle part. Même le multiplexe, avec ses salles de cinéma géantes, ses petits restaus sympas et... son centre d'information touristique, est inaccessible en voiture. Il y a bien trois emplacements de parking, mais il faut acquitter un dollar les trois minutes pour avoir le droit de s'y poser. Un dollar les trois minutes ! À combien s'élève le prix de la place de cinéma lorsqu'on y inclut le prix du parking ? Et le petit repas pour cinq au restaurant ? On n'ose même pas faire le calcul. Inutile d'arguer de sa bonne foi d'étranger ignorant : partout, des êtres au statut indéfinissable guettent, dotés de talkies-walkies. Dès que le signal du dépassement d'horaire apparaît – vous les connaissez, ces petits signaux rouges qui jaillissent comme Zébulon hors de sa boîte quand votre crédit temps est passé ? –, les cerbères du parking payant entrent en action. En une seconde, votre voiture, vos bagages et votre espoir de prendre le ferry sont réduits à néant. Le centre-ville de Vancouver est réservé aux autobus ou aux vélos. Ou bien aux riches rentiers pourvus de chauffeurs de maître. Pour ceux qui n'entrent dans aucune de ces catégories, le mystère reste entier.

Évidemment, on peut dire qu'après les avoir fabriquées, vendues, réparées, combattre les voitures crée aussi des emplois. Les emplois de ceux qui surveillent, de ceux qui enlèvent, et de tous les petits malins qui ont compris qu'on pouvait se faire des fortunes juste en acceptant de les garer, ces fichues voitures. Même à cinq dollars les vingt minutes, l'automobiliste a l'impression de faire une affaire. À New York, les immeubles-parkings se multiplient. Comme dans un Rubik's Cube, votre voiture, garée tout en haut à gauche au sommet de la pile, vous est miraculeusement rapportée lorsque vous la demandez (moyennant cependant un certain temps et un pourboire non négligeable). À Los Angeles, la multiplication des friches urbaines permet d'offrir des parkings parfaits, à condition d'éviter les flaques et les nids-de-poule. Toutes sortes de personnes, qui n'ont pas encore réussi, visiblement, à obtenir leur carte verte, veillent jalousement à l'entrée de ces terrains vagues urbains, où ils vous octroient le droit de poser vos quatre-roues à condition de leur glisser un solide billet vert. Et quand vous revenez, miracle : votre voiture est toujours là. Bref, l'automobiliste doit être un nanti. Sinon il n'a rien à faire en centre-ville. Il n'a rien à faire en voiture non plus d'ailleurs. Ou alors, il doit rouler sans s'arrêter. Tant pis pour l'effet de serre.

Cependant, une fois surmonté le désagrément de savoir comment gérer le monstre d'acier, la vie dans les villes anglo-saxonnes est très agréable. Dans la journée en tout cas. Le soir, c'est une autre affaire.

Dès que la nuit tombe, les bars et les pubs se remplissent de personnages en complets-veston, qui terminent leur journée en s'alcoolisant méthodiquement. Par petits groupes, hommes et femmes réunis, ils sifflent une première bière, puis une seconde, passent progressivement à des boissons plus solides avant de terminer la soirée en beuglant. Partout c'est pareil : Sydney, Auckland, Vancouver...

À Vancouver, nous logeons au centre-ville, ce qui nous donne tout loisir d'assister à de fréquentes altercations d'ivrognes. Lorsqu'elles dégénèrent en bagarre, les flics surgissent aussitôt pour embarquer ceux qui ont perdu les pédales. La ville, soudain, montre un autre visage : celui de l'ennui et du désir.

Le monde anglo-saxon semble avoir un problème avec l'alcool. Les jeunes profitent des soirées « entre potes » pour ingurgiter toutes les boissons à degré qui leur tombent sous la main, avant de tomber eux-mêmes, ivres morts, en vomissant partout. Aux États-Unis, il est interdit de consommer de l'alcool avant l'âge de vingt et un ans. On peut conduire une voiture, porter une arme, se marier, mais pas boire une boisson alcoolisée. Une telle interdiction confère à l'ivresse la saveur de l'interdit. Sur les campus, les soirées entre étudiants dégénèrent en beuveries. Dans la journée, la norme morale la plus stricte règne. Le soir, c'est la débandade généralisée. Jeux d'ivrognes, *éthylisation* méthodique, violence et agressions sexuelles. Une fois adultes, l'obsession de l'alcool subsiste. Les jeunes cadres s'entassent dans les bars pour s'imbiber. Mais attention, personne ne fume, en revanche : l'alcool est mondain, tandis que la cigarette est devenue l'infamie suprême, le signe du sous-développement intellectuel. Les consommateurs commencent à la bière, avant de passer au vin, puis avec l'avancement de la soirée, aux spiritueux. Les bars à vin se multiplient partout dans les villes. Comme toujours, la prohibition, en décrétant une interdiction absolue, a créé le problème. Étudiants, les jeunes s'alcoolisent. Adultes, ils poursuivent.

L'autre prohibition, que le grand retour de l'ordre moral semble avoir exacerbé dans les pays anglo-saxons, c'est le sexe avant le mariage. Tout au moins, la pénétration sexuelle avant le mariage. Les évangéliques, qui occupent une place croissante dans le Nouveau Monde et reçoivent d'importants financements fédéraux depuis que Bush, le *Christian born-again*, occupe la Maison Blanche, en font un de leurs chevaux de bataille. Ariane discute avec des jeunes filles rencontrées dans une boutique de fringues. Elles sont en train de s'acheter des tenues qui rempliraient d'aise une mère maquerelle. Bas résille, microshorts moulants, bustiers découvrant plus qu'ils ne masquent. Mais à la grande surprise de ma fille aînée, elles possèdent toutes leur *virginity voucher* (littéralement « ticket de virginité »), qui atteste de leur « pureté » : aucun garçon ne leur fera l'amour avant leur mari légitime. Au motif de protéger la jeunesse contre les maladies sexuellement transmissibles et le sida, des cours prônant la chasteté sont donnés dans les lycées. Je pense à l'Afrique où la lutte contre le sida, pilotée par les organisations religieuses financées par Washington, passe d'abord par la fidélité et l'abstinence. Celui qui tombe malade a forcément « fauté ». Il est coupable. L'Amérique ne se comporte pas différemment.

Les jeunes filles racontent. Sur les campus, le message passe : les étudiants se comportent parfaitement... du moins tant qu'ils sont sous la surveillance des adultes. Dès que celle-ci se relâche, dès que les portes des maisons se referment le soir sur ces étudiants (dont les parents paient quarante mille euros de frais de scolarité par an pour leur garantir d'entrer dans le clan des *winners*), c'est le grand défoulement collectif. Alcool et sexe, filles et garçons confondus. Mais comme les filles doivent rester des filles « bien » en préservant leur virginité, car il ne faut surtout pas perdre sa réputation, tout est autorisé, sauf la pénétration vaginale. Toutes les autres formes de sexualité sont expérimentées. Ce que les prostituées facturent chèrement à leurs clients, les respectables jeunes filles américaines l'exécutent sans formalité particulière, juste pour plaire à leur petit ami et rester dans la norme. L'important est de rester vierge ou, si c'est trop difficile à respecter, d'éviter la grossesse précoce, synonyme de honte absolue. La fellation est ainsi devenue une pratique anodine, systématique. Et quasiment asexuée : une marque d'amitié tout au plus ! Clinton n'avait-il pas lui-même inauguré la pratique en déclarant (de bonne foi ?) qu'« il n'avait pas eu de relation sexuelle » avec Monica Lewinsky ?

Pour les enfants, qui assistent à cet enivrement généralisé du samedi soir dans les bars de Vancouver, l'expérience est curieuse. Ils passent devant les bars bondés avec autant de curiosité qu'ils visiteraient un zoo. Mais leurs regards surpris se voient retourner la même interrogation : nous-mêmes, avec nos trois enfants, apparaissons un peu suspects, dans cette société anglo-saxonne où la famille « normale » se limite à quatre personnes, deux adultes et deux enfants. Partout, qu'il s'agisse des hôtels, des voitures, des restaurants ou des musées, le troisième enfant pose problème. Rien n'est prévu pour lui : ni le troisième lit dans la chambre ni la ceinture de sécurité dans la voiture. Même le tarif « famille » s'applique uniquement à la cellule de quatre personnes. Le troisième enfant est qualifié d'*extra child*. L'enfant de trop. Il faut acquitter un supplément pour lui. On nous regarde, nous qui paraissons blancs et normaux, nous qui ne pouvons être catalogués ni dans la catégorie des Amish ni dans celle d'un de ces peuples du tiers-monde considérés comme « proliférants » (même si leurs taux de fécondité sont désormais, dans les grandes villes, identiques à ceux des Occidentaux), comme des gens vaguement déviants et un peu pitoyables. Comme si nous avions été incapables de nous contrôler. On se demande si cette infirmité ne découle pas de notre nationalité : le Français est une valeur en baisse sur la planète mondialisée. La plupart de nos interlocuteurs n'ont qu'une idée très vague de la France, assez négative d'ailleurs depuis la reprise des essais nucléaires dans le Pacifique en Australie, le *Rainbow Warrior* en Nouvelle-Zélande, le refus de la guerre en Irak aux États-Unis ; ils attribuent donc à cette identité un peu répulsive notre progéniture exubérante. Le livre qui est mis en valeur dans les librairies nord-américaines ne s'intitule-t-il pas *A Year in the Merde* ? Une France à mégot et béret y affiche sa vulgarité sur fond de couverture jaune, la couleur des traîtres. L'auteur raconte l'année horrible passée dans cette France arrogante qui n'a pas encore compris qu'elle était totalement dépassée. À l'heure où les stars d'Hollywood adoptent des enfants comme on achète des animaux de compagnie coûteux, ne voulant surtout pas s'abaisser à en fabriquer elles-mêmes, faire le tour du monde avec trois enfants visiblement obtenus par des voies naturelles paraît toujours un peu consternant à ceux qui doivent nous loger, nous héberger ou nous délivrer des tickets d'entrée.

Il faut dire que les journaux serinent leurs lecteurs des abominations françaises. « Comment la France des châteaux de la Loire et des Droits de l'homme peut-elle s'accommoder de la pédophilie et des films pornographiques en libre accès ? » s'interroge doctement *The Australian.* Pour les puritains très hypocrites du monde anglo-saxon, le Coq gaulois incarne la licence morale et la débauche la plus indécente. Nous-mêmes commettons quelques erreurs très mal perçues. Notre petite Elsa de neuf ans ose un jour se baigner sur une plage vêtue d'un simple bas de maillot. Précisons qu'elle n'a pas encore le premier embryon de petit bout de sein. Le maître nageur nous prie de bien vouloir la vêtir décemment. Nous obtempérons, un peu honteux, avant de constater qu'il adresse la même demande aux parents d'une gamine de trois ans. La pudeur se niche là où on ne l'attend pas et, pour avoir osé exhiber un malheureux téton un millième de seconde, Janet Jackson, désespérée, doit se traîner aux pieds du peuple américain, avant de prendre quinze kilos, ce qui sans doute la rend soudain plus acceptable au pays des obèses. Mais les concours de beauté réservés aux « minimiss » exhibent des gamines outrageusement maquillées, habillées comme si elles allaient être vendues aux enchères dans des comices agricoles. Les tenues les plus surprenantes ne choquent personne : maquillage outrancier, faux cils, brushing amidonné à la laque, jupettes découvrant en totalité des cuisses plus que dodues font partie de la panoplie de la jeune Américaine pétante de santé. Mais qu'elle ne s'avise pas de découvrir le haut.

Le puritanisme se niche dans les endroits les plus inattendus. Pas de maillot de bain sans top pour les gamines prépubères, mais des toilettes publiques résumées à de simples box, dont les portes tronquées ne servent à dissimuler que la partie du corps que l'on doit dénuder le temps de se soulager. Pour le reste, personne n'ignore quelles chaussures et quels pantalons portent vos voisins d'aisance, ni même quelle tête ils ont. Bien souvent, les verrous eux-mêmes ont disparu, histoire que la collectivité, qui est en train de faire patiemment la queue, puisse s'assurer que vous n'êtes pas en train de commettre quelque acte répréhensible. Combien de personnes reviennent des pays anglo-saxons les intestins totalement bloqués par ce sentiment de surveillance et de proximité constant ! Ce n'est pas un hasard si les films américains adorent les histoires de pets. Le puritanisme ambiant suppose que les fonctions naturelles puissent être elles aussi étroitement contrôlées. Des parcmètres dans la nature et des parcmètres mentaux dans les consciences.

10

Le Corcovado en escalator

« Cité religieuse, cité coloniale, cité nègre de Bahia. Églises somptueuses, chamarrées d'or, maisons bourgeoises décorées d'anciennes faïences bleues, taudis, nids à misère, rues montantes pavées de pierres, monuments historiques, vieux forts, bassins du port, tout cela appartient au nègre Antonio Balduino. »

Jorge Amado, Bahia de tous les saints (Gallimard, 1938).

« Les petites boutiques se mêlent aux églises et aux bonnes femmes en montgolfière traditionnelle qui prostituent leur présence sur les photos, donnant l'illusion d'un haut lieu folklorique. Nous sommes harcelés tous les mètres par des gens qui seraient prêts à nous enfoncer leurs pacotilles dans les trous de nez pour qu'on les leur achète. »

Journal de bord d'Ariane, quinze ans.

Au Brésil, tout trajet aérien suppose de passer par São Paulo. Vous voulez rallier Rio de Janeiro à Iguaçu ? São Paulo ! Aller de Salvador de Bahia à New York ? São Paulo ! À Paris ? São Paulo ! Comme dans *Le Malade imaginaire*, cette pièce de Molière où toutes les affections sont attribuées à une même origine, le poumon, le déplacement brésilien ne peut exister sans São Paulo. São Paulo est le poumon du

Brésil. Plus prosaïquement, les spécialistes du transport aérien appellent ces nœuds gordiens des *hubs*, des points de passage obligés qui servent de centres d'échanges et de transit pour tous les passagers.

L'aéroport de São Paulo est gigantesque et, évidemment, terriblement mal organisé. Comme nous, des voyageurs du monde entier y errent de terminal en terminal, renvoyés comme des boules de billard. Personne ne leur donne la même information. Tous les employés possèdent un talkie-walkie, mais apparemment, il ne sert qu'à faire sérieux. Il faut s'armer de patience et prendre les choses du bon côté : après tout, nous sommes au Brésil.

Finalement, nous réussissons à trouver notre avion – sans savoir si les bagages ont suivi, mais au stade de déréliction où nous sommes tombés, le sort de cinq sacs ne nous importe plus, ce qui semble le but recherché par les autorités. Atterrir enfin à Salvador de Bahia suffit à notre bonheur. D'autant que notre vol se déroule en plein pendant un match important de la Coupe de football, funeste occurrence : il y a quelques années, un avion s'est écrasé, tuant tous ses passagers, parce que l'équipage avait branché le pilote automatique pour suivre tranquillement la finale. Personne n'avait remarqué que la direction suivie par l'appareil se situait exactement à l'opposé de la destination prévue.

Nous avons dû prendre à peu près quatorze avions au Brésil (autant que pendant tout le reste du voyage !) en raison du nombre incroyable d'escales obligatoires à São Paulo qui nous étaient imposées. Inutile de préciser à quel point nous nous sentions soulagés chaque fois qu'ils arrivaient à bon port. Nos tympans ont assez mal supporté l'épreuve : à chaque décollage et à chaque atterrissage, les douleurs devenaient plus fulgurantes. Bouchons d'oreille, masticage forcené de substances diverses, bouchage de nez et expiration par la bouche, toutes les recettes connues pour permettre de soulager la pression de nos oreilles malmenées se sont révélées vaines. La pressurisation des coucous brésiliens réservés aux vols intérieurs mérite sérieusement d'être revue.

À l'aéroport, Josepha nous attend. C'est une dame d'un certain âge, qui présente la particularité de porter d'énormes sandales à talon compensé. Elle est littéralement juchée à vingt centimètres du sol. Josepha a dû diriger un pensionnat dans une vie antérieure : elle ne supporte pas la moindre contradiction. Son rôle est de nous emmener visiter le centre de Salvador de Bahia et de nous en commenter l'histoire. Très bien. Au cours de ce voyage, le Brésil est le seul pays où nous avons demandé l'assistance d'un guide : on nous a tellement serinés que nous serions dévalisés à peine descendus de l'avion que nous avons pris peur. Les *news magazines* internationaux consacrent régulièrement leur couverture à la violence qui embraserait le pays. La semaine même où nous sommes au Brésil, l'un des plus connus titre sur la guerre des gangs. Nous l'achetons pour apprendre qu'à Rio, les rues résonnent de coups de feu. Une seconde d'inattention dans la rue, et on vous coupe le doigt pour voler votre alliance. Évidemment, emmener des enfants dans un endroit pareil relève de l'irresponsabilité la plus totale.

Le premier jour dans la ville carioca, nous osons à peine quitter la voiture. Le deuxième, nous relativisons. Le troisième, nous devons bien nous rendre à l'évidence : le Brésil est aussi dangereux que la France vue par la presse américaine pendant les émeutes des banlieues. Les jeunes Cariocas, qui, toutes origines sociales confondues, passent un temps illimité à jouer au football sur les plages (pour le plus grand bonheur de Romain), ne vous sautent pas dessus un couteau à la main, sinon pour décapiter la noix de coco dont ils vous proposent de siroter le lait à la paille. Certes, il est inutile de se promener la nuit avec une rivière de diamants autour du cou. Mais les tour-opérateurs organisent même des visites guidées de la plus grande favela de Rio, la Rocinha. Nous avons passé à Rio trois des plus belles journées de voyage.

Nous voici donc avec Josepha, en train de déambuler dans le quartier historique de Salvador de Bahia, le Pelourinho, classé patrimoine mondial de l'humanité par l'Unesco. Depuis le début des années 1970, l'Unesco a entrepris le classement des sites mondiaux reconnus comme exceptionnels soit par leurs fastes naturels, soit par leur richesse historique. Un site reconnu par l'Unesco devient très vite un site touristique. Il attire des milliers de visiteurs venant du monde entier et reçoit ainsi les financements qui lui permettent d'être sauvegardé ou réhabilité. C'est pourquoi le classement déchaîne les convoitises. En Amérique du Nord, beaucoup de grands sites naturels sont classés, comme le Grand Canyon ou Yellowstone. En Europe, il s'agit surtout de villes historiques, comme Bruges ou Venise. L'Afrique en a peu, parce qu'elle se situe encore à l'écart des grandes routes touristiques mondiales. L'Amérique du Sud, en revanche, arrière-cour du tourisme américain, n'est pas trop mal lotie : elle réunit à la fois les grands sites naturels, comme les chutes d'Iguaçu, et les lieux chargés d'histoire, comme le Machu Picchu. Ou Salvador de Bahia, la plus vieille ville du Brésil, fondée en 1501 par le banquier et navigateur florentin Amerigo Vespucci, qui donna son nom à l'Amérique.

Qui sait que ce baptême, aujourd'hui universellement reconnu, a été effectué en 1507 dans une petite ville des Vosges ? Un chanoine, Vautrin Lud, qui possédait une imprimerie, s'y était vu confier la traduction du récit des quatre voyages effectués dans l'Atlantique par Amerigo Vespucci. C'est lui qui décida de baptiser les terres nouvellement découvertes du prénom de l'explorateur, en le féminisant toutefois, comme cela avait été fait pour l'Europe et pour l'Asie. Le mot Amérique apparaît ainsi pour la première fois au tout début du XVIe siècle dans la *Cosmographia Introductio*, atlas aujourd'hui célèbre dans le monde entier, particulièrement depuis que le maire de Saint-Dié-des-Vosges, fort de ce précédent historique, a décidé de créer dans sa ville un Festival international de géographie. Le FIG, qui en est à sa dix-septième édition, est devenu le rendez-vous mondial des amoureux de la géographie. Il attire chaque année en octobre, dans la petite cité déodatienne, des milliers de participants enthousiastes. L'Amérique baptisée à Saint-Dié-des-Vosges, qui l'eût cru ?

Salvador réunit environ trois millions d'habitants dont, pour la grande majorité d'entre eux, la couleur de peau atteste du passé esclavagiste du pays. C'est son centre historique, le Pelourinho, qui a été classé par l'Unesco. *Pelourinho* signifie « pilori » : les colons portugais y exposaient les malheureux Africains punis pour avoir voulu fuir l'esclavage. Il s'agit d'un triangle qui doit mesurer environ cinq cents mètres de côté. Son classement lui a permis d'être méticuleusement restauré : chaque façade arbore autant de couleurs et de moulures qu'il a été possible d'en exhumer des murs noirs et décatis qui caractérisaient le quartier avant sa sauvegarde historique. Les rues sont pavées à l'ancienne, ce qui signifie que les visiteurs se tordent les chevilles lorsqu'ils lèvent le nez pour admirer les frontons baroques des églises et des couvents (le quartier compte à peu près un édifice religieux par mètre carré). Ils doivent tout aussi vite le baisser pour répondre aux multiples sollicitations dont ils sont l'objet.

À peine descendu de l'autocar, le touriste est littéralement assailli par une meute de vendeuses de rue, qui lui nouent de force au poignet le bracelet de bienvenue, l'ensevelissent sous des colliers fantaisie, le tirent par la manche. Elles savent qu'elles ne disposent que d'un temps limité avant que le visiteur ne pénètre dans une église, où il sera de fait soustrait à leurs sollicitations. C'est pourquoi elles font preuve de tant d'impétuosité : comme à Marrakech, à Mopti ou à Bombay, vendre est une question de survie.

La plupart des touristes sont bon enfant, ils acceptent le bracelet, achètent les colliers et les bouteilles d'eau minérale, glissent quelques piécettes aux enfants. Dans les rues pastel, ils se font photographier au bras de matrones noires en costume d'époque, robes bouffantes à crinoline et maquillage de samba.

Le périmètre du décor de cinéma est extrêmement restreint. Hormis les quelques rues réhabilitées, la ville tombe en ruine. L'air marin écaille les façades, la rouille ronge les balcons, la saleté envahit chaque recoin. Les habitants de Salvador connaissent la pauvreté et les difficultés de trouver un emploi propres à toutes les villes du tiers-monde. Josepha refuse de commenter cet aspect de la ville, même quand une troupe d'Indiens en tenues traditionnelles, c'est-à-dire presque nus et couverts de peintures, passe à côté de nous en délégation officielle. Nous croyons qu'ils font partie du spectacle, mais pas du tout. Depuis que Lula a été élu président du pays, les communautés indiennes réclament qu'il tienne sa promesse électorale de leur restituer leurs terres. Les paysans sans terre et les Indiens manifestent régulièrement dans les grandes villes auprès des autorités fédérales. Pendant les deux premières années du mandat de Lula, 12 % de la superficie du Brésil (8,5 millions de kilomètres carrés) a été rétrocédée aux communautés indiennes, qui comptent environ 430 000 personnes sur 183 millions de Brésiliens. Il reste encore quarante-trois territoires (28 000 kilomètres carrés) à délimiter.

Nous aimerions que Josepha nous parle des revendications des Indiens, de celles des paysans sans terre, mais elle s'obstine, imperturbable, à nous décrire par le menu chaque façade, chaque objet, chaque carrelage d'azulejo. Son commentaire dure des heures et nous n'en pouvons plus. Son plus grand désir est de nous emmener chez le marchand de souvenirs du coin, celui qui lui versera une commission sur nos achats. Elle consent juste à nous dire tout le mal qu'elle pense des « envahisseurs ». *Invaseo*, c'est ainsi qu'on nomme au Brésil les nouveaux venus, ceux que la mécanisation des campagnes pousse à s'entasser dans les bidonvilles de fortune, qui s'accrochent aux mornes en défiant les lois de l'urbanisme et de la pesanteur.

Nous reprenons la voiture, lassés. Très vite, notre attention est attirée par d'immenses statues qui se dressent le long de l'autoroute urbaine que nous avons empruntée. Josepha nous explique que ce sont des *orishas*, des divinités originaires d'Afrique de l'Ouest. Elles sont utilisées dans le candomblé, le culte religieux que pratiquent aujourd'hui bien des descendants d'esclaves. Josepha, elle, a la peau très blanche, un physique parfaitement occidental. Nous sentons qu'elle déplore ce paganisme.

Nous passons maintenant devant un magnifique bâtiment qui semble la mettre en transe : un palais ? ou le centre commercial dans lequel elle a acheté ses superbes chaussures, tellement pratiques pour guider les touristes ?

Rien de tout cela, et les deux à la fois : il s'agit d'une église évangélique, récemment créée. Nous avons trouvé le point faible de Josepha. Elle y passe tous ses dimanches. « Pour prier ? » demandent les enfants, interloqués. « Pas seulement, répond Josepha : il y a une bibliothèque, un restaurant, une crèche et même un supermarché. » Dans son enthousiasme, elle est prête à nous imposer une petite visite supplémentaire. C'est une nouvelle convertie. Comme le président américain George Bush. Les églises évangéliques, qui se répandent dans le monde entier, affichent un luxe insolent dans les villes brésiliennes. Elles offrent une nouvelle communauté à tous ceux qui se cherchent un avenir et un statut social, les petites gens, les déclassés, mais aussi les personnes originaires des classes moyennes, comme Josepha, que la libéralisation économique et le démantèlement par le Vatican des communautés ecclésiales de base, qui soudaient les petites gens brésiliens autour d'une église catholique populaire, ont privés des structures qui leur permettaient d'exister socialement.

Dans son temple évangélique, Josepha peut trouver des gens comme elle, pour prier, la soutenir, lui redonner confiance en l'avenir, elle qui a perdu son emploi salarié et est devenue guide touristique pour gagner sa vie. Malgré la force des cultes afro-brésiliens, les évangéliques gagnent du terrain, alors que l'église catholique s'effondre. Le Brésil a pourtant été qualifié longtemps de « pays le plus catholique du monde » et Salvador, la ville aux cent soixante-cinq églises, de « Rome nègre » par l'écrivain Jorge Amado. Mais même à Salvador, les évangéliques tiennent le haut du pavé. Josepha est complètement sous le charme ; apparemment son pasteur doit être d'une efficacité redoutable. Faussement innocente, Elsa lui demande si c'est lui qui l'oblige à porter ses énormes sandales à talons compensés qui nous empêchent de parcourir la ville.

La Rome nègre est devenue le temple du shopping. Les envahisseurs, ce sont non seulement les temples évangéliques, où l'on peut se livrer à toutes sortes d'activités en dehors de la prière, mais aussi les centres commerciaux. D'immenses *malls* à la mode nord-américaine ont envahi la périphérie de la ville. Mais les inégalités de classe opposent une fois de plus les centres commerciaux de luxe et ceux qui sont destinés aux classes populaires. Visiblement, au Brésil, on ne se mélange pas. Quatre activités seulement permettent de créer un espace de contact : le tourisme, la plage, la samba et les matchs de football. Eux seuls offrent du liant à une société fragmentée à l'extrême, où la ségrégation se joue sur la couleur de la peau, qui correspond souvent au contenu du porte-monnaie. Avec son ballon de football, mon fils se fait des copains partout. Le langage du pied est universel.

Nous faussons finalement compagnie à Josepha pour renouer avec notre activité favorite : louer une voiture et partir « à l'aventure ». La « Ligne verte » est une autoroute côtière qui longe le littoral atlantique. La spéculation foncière grignote l'espace rural et les villages de pêcheurs. Partout se multiplient les *condomínios fechados*, ces propriétés fermées, ceinturées de murs infranchissables hérissés de tessons de bouteilles, gardées par des vigiles armés.

L'espace brésilien se privatise : tant dans les campagnes que dans les villes, un pays à deux vitesses est en train de naître, où les « inclus » et les exclus vivent dans deux mondes séparés, qui s'ignorent et se craignent mutuellement. Les inclus disposent d'un revenu régulier et se réfugient dans des territoires protégés, bien aménagés, confortables ; les exclus affrontent chaque jour l'insécurité, la misère et la violence. À la campagne, les petits *posseiros* défrichent péniblement des terres qui leur procurent à peine de quoi survivre, tandis que les grands *fazendeiros* vivent à l'occidentale sur des domaines de plusieurs milliers d'hectares, où ils jouissent de tout le confort moderne. En ville, villas et immeubles sont hermétiquement clos de grilles qui interdisent tout accès aux logements, sauf si le gardien consent à vous ouvrir. Sorti des quartiers modernes et contrôlés, c'est le règne du chacun pour soi. Les favelas sont régies par leurs propres règles, la police n'y pénètre jamais, sauf pour se livrer sporadiquement à des exécutions sommaires.

Mais les règlements de compte se jouent surtout entre Brésiliens. Sauf lorsque le touriste affiche un luxe insolent ou tente le diable en fréquentant la nuit les quartiers réputés dangereux, il n'est pas la première cible de l'insécurité. Ce sont surtout les pauvres qui en pâtissent. Dans les lieux touristiques que nous fréquentons, la police veille. 2005 est l'« année du Brésil » : pas question que les millions de visiteurs attendus dans le pays se fassent détrousser à peine descendus de l'avion.

Nous sentons particulièrement la présence policière à Rio lorsque nous montons, comme tout bon touriste qui se respecte, au Corcovado, ce morne sur lequel l'immense Christ rédempteur qui symbolise la ville étend sur elle ses bras miséricordieux (du moins lorsqu'il consent à émerger des nuages).

Ce jour-là, la pluie tombe à seaux. La situation doit être habituelle, car les vendeurs de rue et les petites boutiques de souvenirs proposent tous des imperméables légers, comme les parcs de loisirs à l'entrée des attractions réputées « mouillantes ». Nous voici déguisés à grands frais (nécessité faisant loi, les vendeurs ne mollissent pas sur les prix) en sacs-poubelles géants, bleu pour Elsa, jaune pour Romain, et transparent pour Ariane. Cette dernière proteste en disant qu'elle a l'impression de porter un emballage de légumes. « Tu devrais être contente : c'est l'idéal pour une végétarienne », lui fait remarquer Romain. Impitoyable, il refuse l'échange qu'elle lui propose. « Je n'ai pas envie de ressembler à une courgette. »

Alors que le funiculaire conduit des milliers de touristes à l'un des lieux les plus connus de la planète, son entrée ne ressemble à rien, banale au milieu d'un quartier banal. Le train à crémaillère a été modernisé récemment, tandis que l'ancien modèle, qui datait du début du siècle, était transformé en une voiture-bar. Évidemment, mille occasions de dépenser de l'argent permettent au touriste (et à l'autochtone car beaucoup de ceux qui montent au Corcovado sont brésiliens) de rentabiliser l'attente. Elsa est ravie de pouvoir acheter l'assiette qui la met en scène sur fond de métropole carioca. Et nous sommes tous ravis de l'emporter, preuve que les marchands du Temple ont bien raison de proposer aux touristes tous les moyens possibles et imaginables d'immortaliser leur visite. Si les lieux touristiques fourmillent de babioles à visée commémorative, c'est bien que le touriste ne rechigne jamais devant l'acquisition des souvenirs. Qui lui permettent de se dire, une fois de retour à la maison : « J'y étais. » Nous rentrerons de quarante jours de tour du monde croulant sous ces objets transitionnels, tellement utiles pour faire le deuil du voyage tout en imprimant durablement dans l'univers familier son souvenir.

Quand nous montons dans le funiculaire, une pluie tropicale flagelle les banquettes, mais tous les visiteurs, tant latino-américains qu'étrangers, rient de bon cœur à cet avatar qui rend l'aventure plus excitante encore. Le train se hisse lentement à travers un paysage luxuriant de forêt dense. Difficile, dans ce cadre de fougères géantes, de mousses et d'arbres immenses secoués sporadiquement par de grands singes noirs, de croire que nous nous trouvons dans l'une des plus grandes villes du monde. La montée dans les arbres paraît interminable ; elle donne le sentiment de pénétrer au cœur d'une forêt profonde et impénétrable, malgré son mitage discret par quelques favelistes plus téméraires encore que les autres.

Terminus, enfin. Sur le quai, la police « pour touristes » guette. Moi qui avais péniblement gravi un interminable escalier il y a une dizaine d'années, je suis surprise de découvrir la parfaite accessibilité du lieu : désormais, non seulement un ascenseur, mais aussi *deux escalators* permettent de monter sans se fatiguer au Christ rédempteur. L'est-il d'ailleurs encore, rédempteur, ce Christ, depuis que les pèlerins sont dispensés d'exécuter en pénitence une ascension de deux cent cinquante-deux marches ? Certes, personne n'empêche personne de le faire, quoique la sécurité le long des escaliers semble parfois aléatoire.

L'escalator n'a que deux ans. Il a été construit pour la visite du pape, ce qui, malgré l'influence des évangéliques, contribue considérablement au prestige de l'église catholique : tous les visiteurs rendent intérieurement hommage au Saint-Père de leur avoir ainsi facilité la vie. Il faut se dépêcher d'en profiter car l'air marin le rouille à vitesse accélérée (l'escalator).

Découvrant toutes ces installations, Romain s'étonne : « Tu es sûre, maman, qu'ils ne sont pas en train de construire un hôtel, ici ? » L'aménagement du site est poussé à son comble, ce qui permet d'accueillir en même temps des centaines de personnes, dans un lieu pourtant exigu.

Ce qui est curieux, c'est que l'escalator a été construit *derrière* la statue géante. Les touristes qui l'empruntent voient ainsi longuement le Christ de dos avant de pouvoir le contourner, comme s'ils voulaient lui faire la surprise de leur visite. Lorsque, enfin, nous le découvrons de face, je suis surprise par sa beauté. Cette fois encore, c'est un Français, Paul Landowski, qui l'a réalisé au début des années 1930. Il a mis cinq ans à sculpter ses... sept cents tonnes ! Avec ses trente-huit mètres de haut, ce Christ nous domine de sa stature géante, et son visage miséricordieux rendrait presque pieux. En ce qui me concerne en tout cas (j'ai dû être influencée par Josepha), car la plupart des visiteurs en imperméables multicolores sont en train de se faire photographier comme leur illustre modèle, les bras en croix, mais hilares. Cette transgression gaiement impie doit ravir les évangéliques, eux qui ont adopté la même posture de prière (sans toutefois les imperméables, qui confèrent aux visiteurs une allure de chauve-souris). Pour Elsa, l'attitude du Christ est limpide : il est en train de régler la circulation sur Rio, et il a du boulot. Les Cariocas prétendent, eux, que s'il a les bras ouverts, c'est parce qu'il attend que les habitants de la ville se mettent au travail pour applaudir.

Juchée sur le plus haut morne de la ville, à plus de sept cents mètres d'altitude, la statue est vraiment impressionnante. C'est du Corcovado que la vue sur Rio est la plus belle. De quelque côté que l'on se tourne, la ville déploie ses fastes archipélagiques, en une synthèse parfaite de la beauté du monde. Le nouveau pont de fer, gigantesque, évoque les Keys de Floride, la myriade de mornes jetés dans l'océan, la baie d'Along, la lagune en forme de cœur, les photos de Yann Arthus-Bertrand, même si son eau est complètement pourrie par la pollution urbaine et industrielle... Ce panorama universel éveille en chacun un amour immodéré pour la plus fascinante cité du monde et le désir de pouvoir à tout jamais inscrire au plus profond de sa mémoire sa perfection magique, comme suspendue dans l'éternité.

Je resterais bien des heures devant le paysage, mais les enfants ne veulent pas rater le prochain train car l'idée d'attendre trente minutes supplémentaires à simplement *regarder* les rend fous. Heureusement, l'inévitable boutique leur offre la consolation de pouvoir contempler des christs miniatures dans toutes les matières, les couleurs et les usages possibles, du porte-clés au serre-livres. Nous avons déjà l'assiette.

Pas question de quitter le Brésil sans se rendre aux chutes d'Iguaçu. Après l'inévitable escale à São Paulo, nous voici enfin dans un nouveau lieu mythique. Finalement, ce tour du monde nous aura conduits de lieu mythique en lieu mythique, comme si nous étions en train d'effectuer non pas le chemin de croix, mais le pèlerinage du parfait touriste. Le classement des sites par l'Unesco fournit en la matière un utile repère. La planète devient ainsi un chapelet de passages obligés, tous aussi remarquables les uns que les autres, que le voyageur doit expérimenter personnellement. Pourtant le nombre de films et de livres qui leur ont été consacrés lui permettrait aisément de s'en faire une idée très précise, sans avoir besoin de se rendre sur place. Mais aucun film, aucun livre ne peut restituer la fascination qu'exerce Uluru au soleil couchant, la beauté de Rio vue du Corcovado, la sensation magique de nager dans la Grande Barrière de corail. Et c'est précisément cette force de l'expérience vécue qui permet à des lieux pourtant labourés par des millions de touristes de conserver intact leur pouvoir quasi magnétique. Le mont Saint-Michel ou le Grand Canyon exercent sur celui qui les découvre une attraction qui rend ce dernier plus grand, plus riche, plus dense, quand bien même il effectue sa visite après, avant et au milieu de milliers de personnes. Parce que chaque expérience vécue est individuelle, et donc irremplaçable.

Ainsi, les chutes du Niagara nous ont émerveillés, bien qu'il s'agisse d'un des premiers sites touristiques aménagés aux États-Unis et au Canada, conçu pour accueillir des millions de visiteurs. L'émotion suscitée par Niagara reste intacte, elle n'a rien à envier à celle procurée par d'autres chutes, tout aussi puissantes mais entièrement « sauvages » celles-ci : celles de Dettifoss, en Islande. À Dettifoss, vous pouvez vous approcher aussi près que vous le souhaitez des cataractes, sans aucun garde-fou, et si vous glissez sur les rochers humides, vous disparaîtrez dans le vide écumant sans que personne, jamais, n'en sache rien. À Niagara, des barrières et le regard de milliers de spectateurs vous en empêchent, mais celui qui se poste à l'endroit où les millions de tonnes d'eau basculent toutes ensemble, brutalement, dans le vide, ressent le même vertige : à cet instant-là, il est seul. Et l'émotion qui le saisit n'appartient qu'à lui.

Les lieux touristiques les plus puissants sont de vrais « biens publics mondiaux », pour reprendre un jargon en vigueur dans les relations internationales, même si on l'applique généralement à la santé et à l'éducation pour tous. Un bien public mondial est un bien « non rival » et « non exclusif » : celui qui en bénéficie n'en prive pas les autres et son utilisation par des millions de personnes n'en amoindrit pas l'usage. Voilà pourquoi l'aménagement des plus beaux sites touristiques est une nécessité : construire des passerelles, des cheminements accessibles aux handicapés en fauteuil roulant, aux mères de famille avec poussettes, installer des toilettes et des lieux de repos sont les seuls moyens de ne pas les réserver à une petite élite, mais d'en faire véritablement des lieux démocratiques, où chacun peut savourer le bonheur intime d'accéder au beau, à l'impressionnant, à l'exceptionnel.

Les chutes d'Iguaçu, qui sont intégrées dans des parcs nationaux autant du côté argentin que du côté brésilien, ont été particulièrement bien aménagées. Bien sûr, l'entrée des parcs est payante, mais la contrepartie, qu'on les visite au Brésil, en Argentine ou au Paraguay, c'est que des foules entières, de tous les pays et de tous les milieux, peuvent admirer en même temps, sans se gêner mutuellement, le faste naturel inouï qu'elles déploient. Du côté argentin, un cheminement romantique à flanc de colline permet au spectateur d'admirer le drapé de centaines de cascades moussues, qui festonnent un immense amphithéâtre de roches rouges, mais le visiteur peut aussi surplomber la chute la plus impressionnante, baptisée bien sûr « la gorge du diable ». Du côté brésilien, il a la possibilité, grâce à un jeu de passerelles qui défient le vide et les chutes, de s'avancer aux points les plus avancés, à l'extrême bord des cataractes et, au fil de sa progression, de modifier sans cesse la perspective, comme dans un kaléidoscope géant. Grâce à cet aménagement, le touriste devient un explorateur intrépide... en toute sécurité.

À Iguaçu, la nature est mise en scène, mais c'est précisément cette mise en scène qui permet de l'admirer de la façon la plus authentique qui soit : sans les passerelles, impossible sans risquer sa vie de pénétrer au cœur même de l'espace des chutes. C'est paradoxalement l'aménagement le plus abouti qui restitue au lieu sa dimension naturelle. Cet aménagement demande d'importants investissements : régulièrement la violence des crues détruit les passerelles, qu'il faut sans cesse reconstruire, renforcer. Les plus riches peuvent loger au cœur même du site, côté brésilien, dans un hôtel de luxe à l'architecture soufflée comme le château de Cendrillon, qui identifie les parcs Disneyland du monde entier. Les autres peuvent se contenter d'emprunter les navettes qui sillonnent le parc pour permettre aux visiteurs d'en admirer les multiples facettes. Et ceux qui tiennent vraiment à agrémenter leur visite d'un frisson supplémentaire se voient proposer mille activités sportives, à base de canyoning, de trekking, de descente en rappel dans les cascades, etc.

Grâce à cette mise en scène des chutes, des milliers de touristes affluent, flânent, reviennent, s'asseyent, se prennent en photos, dans la plus parfaite quiétude, conscients de vivre un moment exceptionnel. Ils peuvent aussi acheter l'artisanat proposé par les communautés indiennes, dans cette terre qui vit s'affronter violemment les jésuites et le pouvoir. C'est ici qu'a été tourné le film *Mission* de Roland Joffé, avec cette scène saisissante où le missionnaire sur sa croix bascule dans le vide écumant et disparaît. L'existence des parcs permet à des milliers de personnes d'affluer du monde entier, puisqu'elles peuvent non seulement loger sur place mais aussi se restaurer, tout en admirant la beauté des cataractes. Le parc leur permet aussi d'avoir accès à une culture qui leur est totalement inconnue, celle des Indiens tupis et guaranis (*iguaçu* en indien guarani signifie « eau grande »), dont les communautés ont créé tout un artisanat destiné aux touristes. Comme en Australie, où le site de l'Ayers Rock a été développé grâce à sa desserte par les compagnies aériennes, alors qu'il fallait des heures et des heures de voiture pour y accéder, l'industrialisation touristique du site des chutes permet à la petite ville de Foz do Iguaçu d'être devenue un centre de visite international, elle qui n'aurait probablement jamais existé sans sa situation remarquable.

Le tourisme crée ainsi des lieux ou les sauve de l'oubli alors qu'ils étaient condamnés au déclin : Salvador de Bahia, comme Bruges ou Venise, bien qu'elles aient perdu leur fonction marchande, sont devenues des attractions mondiales ; les marécages de Floride servent désormais de cadre aux plus grands parcs d'attractions du monde avec Disneyworld et Universal ; la Camargue et le littoral languedocien, zones répulsives et infestées de moustiques, ont été aménagés en hauts lieux touristiques. Mais c'est au prix, à chaque fois, de leur transformation en décors. La touristification modifie non seulement les paysages mais l'âme des lieux.

11

Tarzan ou Robinson ? Le rêve occidental

« Il n'est vêtu que d'un petit pagne rouge, mais il porte de nombreuses parures. Un grand bouton de nacre, fixé à des perles de toutes les couleurs, brille sur son front. [...] Sur son visage sont peints des signes qui descendent jusque sur la poitrine [...]. [Il] est d'une beauté si harmonieuse qu'on dirait presque un visage de femme. [...] Je ne peux plus détourner le regard. Assis devant le soleil couchant, il ressemble à un jeune dieu. »

« Je ne veux plus faire un pas de plus dans cette boue. Je m'arrache à ces femmes brutales et, suivie de centaines de mouches, je fonce vers le car. Les autres touristes reviennent eux aussi en courant et crient : "Démarrez !" Le conducteur dit en souriant : "J'espère que vous êtes vaccinés maintenant. Vous avez vu ce que c'est que cette tribu, les derniers habitants non civilisés du Kenya." »

Corinne Hofmann, La Massaï blanche (Plon, 2000).

Alors que les plages des grandes villes brésiliennes sont devenues impropres à la baignade pour cause de pollution généralisée, les campagnes ont compris que leur salut résidait dans la mise en avant d'une nature « vierge », où le touriste peut s'imaginer retrouver un monde préservé. Dans les villages de pêcheurs qui s'égrènent le long de la « Ligne verte » près de Salvador de Bahia, comme autour de Rio, la population vit désormais du tourisme : petites gargotes, artisanat, mais aussi, de plus en plus, mise en avant des ressources écologiques. Pas un village où le visiteur n'est invité à découvrir la diversité fabuleuse de la faune marine, à admirer les tortues, les requins, les multiples coquillages.

Depuis le premier Sommet de la Terre à Rio, en juin 1992, le Brésil est devenu un des chantres du « développement durable », un développement qui se préoccupe d'abord des atteintes portées à l'environnement, partant du principe que la survie de l'homme sur la terre est condamnée s'il saccage son cadre naturel en détruisant les forêts, épuise les ressources fossiles comme le pétrole ou le charbon, pollue l'air, l'eau et les sols. Le Brésil a l'immense chance et l'immense responsabilité de posséder sur son territoire la majeure partie de la plus grande forêt du globe, l'Amazonie. Or la forêt est grignotée sur ses marges par la progression des cultures de soja et des grandes ranches d'élevage extensif. Les mouvements écologistes, qui sont devenus extrêmement puissants depuis la conférence de Rio, ont fait de l'Amazonie un symbole de leurs combats pour la préservation des milieux menacés (en 2005, la sécheresse, attribuée au réchauffement climatique, a fait considérablement baisser le niveau des fleuves amazoniens). Le Brésil craint que, comme l'Antarctique, l'Amazonie ne devienne un territoire international placé sous surveillance mondiale, particulièrement celle des ONG écologiques, et sur lequel il perdrait sa souveraineté. Il a donc préféré prendre les devants en développant un système d'observation satellitaire et scientifique extrêmement perfectionné et en se posant comme l'un des pays les plus soucieux de développement durable. Le message adressé au monde est clair : la protection de l'Amazonie est d'abord du ressort des Brésiliens, et d'eux seuls, qui n'ont pas besoin des recommandations des ONG occidentales. Le Brésil n'a de leçon à recevoir de personne en matière de développement durable.

Le tourisme « vert » est ainsi en train de devenir une des grandes ressources de l'Amérique latine. Avec comme chef de file le Costa Rica. Ce petit pays d'Amérique centrale est passé maître dans l'art de vendre aux riches touristes sa biodiversité. Ancienne république bananière devenue un exemple démocratique, le Costa Rica a su saisir le tournant de l'écotourisme bien avant les autres pays. Avec beaucoup de savoir-faire et un art consommé du marketing, il diffuse aujourd'hui au monde entier son image de paradis écologique tropical, où la nature est à la fois préservée et bienveillante. Plus du quart du territoire national est occupé par des parcs nationaux, des réserves biologiques et des zones protégées. Résultat : les Américains en ont fait leur cour de récréation favorite. Le tourisme vert rapporte infiniment plus de ressources que les activités traditionnelles d'élevage, de culture du café ou de la banane. La démocratisation du pays et ses efforts pour instaurer un État providence permettent au visiteur de se livrer avec bonne conscience au nouveau jeu proposé aux écotouristes modernes dans toutes les forêts du monde : jouer les Tarzan.

Grâce à des parcours aériens installés dans les arbres par un ingénieux système de câbles, de poulies et de passerelles, ils peuvent glisser d'arbre en arbre en poussant les cris adéquats. C'est le *canopy tour*. Pour étudier la forêt amazonienne, le scientifique Francis Hallé avait imaginé le « radeau des cimes », une sorte de plate-forme suspendue à un ballon dirigeable. Le radeau surplombait la forêt dense pour découvrir d'en haut l'incroyable richesse animale et végétale de la canopée. Au Costa Rica, d'ingénieuses entreprises ont su populariser la même attraction en la mettant à la portée du touriste. Ce type de divertissement s'est répandu partout dans le monde sous la dénomination d'« accrobranche », mais l'Amérique du Sud a su saisir la perche de l'écotourisme bien avant les autres continents. Ce n'est pas un hasard si l'une des plus grandes marques de vêtements « nature » s'appelle Patagonia, et si Nicolas Hulot a baptisé son émission *Ushuaïa*, du nom de la ville argentine située la plus au sud de l'œkoumène – ainsi les géographes désignent-ils la partie de la terre habitée par l'homme.

Au Costa Rica, nous logeons dans un « hôtel écologique », dont la caractéristique est de faire payer très cher aux Robinsons modernes une absence quasi totale de confort. Notre case, plantée sur pilotis en bord de mer, est ouverte à tous vents. Des blattes grandes comme des assiettes la fréquentent. « Oh ! une grenouille ! » s'exclame Elsa la première fois qu'elle voit l'une de ces créatures hypertrophiées traverser nonchalamment la pièce. Inutile d'espérer écraser un monstre pareil. Surmontant ma répugnance instinctive, je m'emploie à la faire glisser dans le seau de plage à l'aide de la pelle du même nom, tandis que, réfugiés à l'autre bout du cabanon depuis qu'ils ont compris leur méprise, les enfants observent de loin mes tentatives hasardeuses. L'éloignement les rend tout guillerets et pour tout dire, assez sarcastiques.

Voilà la blatte retournée dans le seau, gigotant comme une démente en découvrant un incroyable ventre de crustacé marin. Tandis qu'elle s'emploie à jaillir du récipient pour faire de l'accrobranche sur mon bras, je sprinte à travers la pièce pour la jeter par la fenêtre (avec le seau). Sympathique souvenir du Costa Rica, nous retrouverons des chapelets d'œufs blancs dans tous nos sacs. Heureusement que la Nouvelle-Zélande et l'Australie sont passées depuis longtemps : je n'ose imaginer la tête des services sanitaires.

La case est ouverte à tous vents. De vagues voilages sont censés éloigner les moustiques. Quand le souffle marin s'y engouffre à la tombée de la nuit, ils prennent un aspect fantomatique qui ajoute au sentiment d'insécurité ambiant (las de l'aventure, l'homme de la famille a préféré rentrer en France pour reprendre le travail). Les toilettes sont bouchées et la douche, froide bien sûr, capricieuse. Nous y passons ourtant des heures exceptionnelles : des colonies d'iguanes et de singes vivent à nos portes. Il suffit de parcourir quelques mètres pour se baigner dans la mer, une proximité qui, depuis le tsunami de décembre 2004, nous laisse pourtant perplexes.

Étrangement, un solide grillage nous isole de la plage. Je l'attribue d'abord à des impératifs de sécurité, mais le Costa Rica est un pays réputé sûr pour les touristes, ce qui explique aussi son succès. Nous en comprenons la raison au crépuscule : soudain, voilà la plage interdite d'accès par un portail cadenassé. Le grillage n'est pas, comme je le pensais, destiné à protéger le touriste des incursions en provenance de la plage, mais à protéger au contraire la plage du touriste. Dès que la nuit tombe, des gardes en tenue verte verrouillent l'accès au domaine maritime. La raison officielle est admirable : personne ne doit gêner les tortues *baulas*. La péninsule de Nicoya est l'un des sites mondiaux de ponte nocturne de ces grosses tortues vertes.

En réalité, il s'agit surtout de réserver le spectacle à ceux qui acceptent de s'acquitter d'une dîme exorbitante. Et apparemment tout à fait officielle, puisqu'un reçu gouvernemental nous est remis lorsque nous décidons d'acquitter notre écot. Nous voici admis à pénétrer sur la plage pour rejoindre une colonne de touristes, escortée par un guide armé. Avec une certaine férocité, il nous enjoint de ne pas faire le moindre bruit. Nous, les touristes obéissants, nous gardons bien d'enfreindre la consigne. Nous marchons à pas de loup, le cœur battant, dans un silence religieux. Les gardes qui sillonnent la plage, munis de talkies-walkies, n'ont pas cette prévention : ils communiquent largement entre eux. La raison officielle est qu'ils surveillent l'arrivée des tortues, mais comme leurs lampes de poche sont braquées vers le grillage, il semble que leur mobilisation soit surtout dirigée contre d'éventuels resquilleurs.

L'atmosphère est vaguement inquiétante. Nous avons l'impression de nous trouver le long des enclaves de Ceuta et Melilla, ou sur tous ces lieux de la planète où des clandestins tentent de pénétrer dans les pays riches. À force de scruter la mer dans la pénombre, ma fille et moi finissons par y déceler une cohorte de créatures marines. Nous sommes en train de devenir complètement paranoïaques. Si le monstre du Loch Ness jaillissait de l'eau, je crois que nous trouverions ça normal.

Soudain, grands mouvements de torches et déchaînement de talkies-walkies : un des gardes a déniché une tortue. Délaissant notre belle ordonnance, nous, les touristes, nous précipitons comme des affamés pour encercler le malheureux reptile. Apparemment indifférente à notre présence, la femelle s'épuise à déposer dans le sable un chapelet d'œufs blancs. Pour que nous ne rations rien du spectacle (nous avons payé), les gardes braquent leur lampe torche sur la ponte harassante, commentant l'opération en direct d'une voix sonore. Les autres groupes présents sur la plage (l'attraction semble très courue) aimeraient bien se joindre à nous, mais c'est *notre* tortue. Ils doivent donc se tenir à distance en attendant la leur.

Les gardes sortent un immense sac-poubelle et y enfournent un à un les œufs au fur et à mesure qu'ils sortent du ventre de la tortue. Lorsqu'ils naissent, nous explique-t-on, les bébés tortues sont décimés dans leur grande majorité avant de réussir à gagner la mer. Les œufs vont donc être soigneusement mis à l'abri jusqu'à leur éclosion. À l'abri aussi des villageois qui les consomment avec délectation et les vendent ; les gardes préfèrent peut-être s'en charger eux-mêmes. Une grande émotion nous saisit, nous les touristes. Nous sommes tous émerveillés, conscients d'assister à un moment unique.

Lorsque la ponte s'achève, on nous ramène à notre hôtel. Gage d'un pourboire plus avantageux, les gardes décident d'escorter le groupe principal, celui qui a évité les hôtels écologiques pour opter pour la version « confort moderne ». Ma fille et moi nous retrouvons seules sur la plage, totalement perdues. Où se trouve donc notre case ?

Nous marchons dans la nuit en suivant le rivage, serrées l'une contre l'autre dans le fracas des vagues éclairées de lune. Une ombre noire dans le sable nous fait sursauter : allons-nous par mégarde piétiner une tortue – ou pire, un bébé tortue – et nous faire immédiatement lyncher ? Soulagement : ce n'est qu'une chaussure abandonnée près d'un tronc d'arbre. J'essaie de me dire que nous ne courons aucun risque, mais j'ai hâte de quitter la plage obscure. Heureusement, des lampes de poche s'allument dans la nuit, offrant un repère. Les gardes sont en train de dresser un nouveau groupe de touristes au silence et à l'écologie, comme nous tout à l'heure.

Le lendemain, ma fille manque de se noyer : elle a été entraînée très loin par un courant marin, semblable à ce qu'on appelle sur la côte basque une *baïne*. Elle ne doit son salut qu'à des surfeurs, qui la ramènent à la plage en ramant sur leurs planches. En essayant de lutter contre le courant, elle s'est écorché les jambes et saigne abondamment. Mais ses blessures sont superficielles et je n'en reviens pas du grand malheur auquel nous venons d'échapper, sur cette plage de rêve.

Les surfeurs, de jeunes Costaricains, restent quelques instants avec nous pour s'assurer que la rescapée va bien. Ils nous expliquent que les prix des terrains côtiers ont flambé. La politique touristique du gouvernement a donné une immense valeur au bord de mer ; beaucoup d'Américains se font construire leur résidence secondaire sur le littoral. Ceux des locaux qui ne font pas fortune en vendant leur terrain, c'est-à-dire l'immense majorité, n'ont d'autre choix que de travailler au service du tourisme tout en vivant à l'intérieur des terres. Mais là aussi, les zones protégées s'étendent au détriment des populations, qui se trouvent cantonnées dans des espaces de plus en plus restreints, ou obligées de rejoindre la ville.

Partout, les parcs naturels s'étendent. La préservation de la nature devient le maître mot des politiques de développement durable, au détriment des hommes. Les ONG écologiques prennent de plus en plus d'influence dans le monde entier, et particulièrement dans les pays du Sud, qui ont besoin de devises et ont compris que la « diplomatie verte » pouvait s'avérer extrêmement rentable. Au nom de la protection de la biodiversité et du culte du gros mammifère, l'éléphant, le gorille ou le rhinocéros, les sociétés rurales sont évincées de leurs terres ancestrales, comme si elles étaient forcément prédatrices. Alors que les paysages qu'apprécient tant les Occidentaux sont au contraire le produit de logiques paysannes anciennes, visant à préserver les écosystèmes pour assurer la subsistance du groupe. En Afrique comme en Asie, la plupart des terroirs sont le produit d'une action minutieuse des hommes, y compris ceux qui paraissent « sauvages ». En Australie, quand les colons européens sont arrivés, ils n'ont pas compris que les Aborigènes avaient su, par leurs brûlis maîtrisés, réguler le bush australien depuis des millénaires. Ils les ont parqués dans des réserves, leur interdisant l'accès à leurs terres coutumières. Peu à peu, une plante épineuse sans aucun intérêt, le *spinifex*, a tout envahi. L'embroussaillement a entraîné de gigantesques incendies, incontrôlables cette fois.

Le rêve des riches Occidentaux est de mettre la nature sous cloche, comme si l'être humain représentait une menace, comme s'il fallait à tout prix protéger un monde forcément « en voie de disparition ». Le « conservationnisme », qui consiste à geler des espaces en les réservant à la faune sauvage, pour le seul usage d'une chasse élitiste, réservée aux plus riches, et d'un tourisme de luxe, s'étend partout dans le monde. Dans certains pays, comme l'Ouganda ou la Namibie, plus du tiers du territoire national est déjà interdit aux hommes. Le Gabon prend le même chemin : son président veut en faire la nouvelle « Mecque verte », espérant ainsi remplacer l'or noir, qui se tarit, par l'or vert.

Réduites à s'entasser sur des espaces restreints où elles ne trouvent plus les moyens de vivre, les sociétés évincées se vengent en braconnant sauvagement ces animaux qui leur ont volé leurs terres, en coupant les arbres auxquels elles n'ont plus accès. Les autorités des pays y voient une preuve supplémentaire qu'elles ont bien fait de créer des réserves entourées de barbelés. Les braconniers pris sur le fait sont exécutés. Quant aux gros mammifères, éléphants, gnous, hippopotames, qui ne rencontrent désormais nul prédateur, ils prolifèrent en toute impunité, puis sortent de leurs territoires, dont les pâturages s'épuisent, pour dévaster les cultures paysannes. Il faut alors les déplacer vers d'autres réserves, à grands frais. Les êtres humains ne méritent-ils pas d'être aussi bien traités ?

Partout, la nature est mise en scène pour plaire au touriste. Il s'agit de lui donner l'illusion qu'il déambule dans un paradis encore vierge. En voyant dans les villages brésiliens les malheureuses tortues exposées dans leurs aquariums trop petits à la fascination des visiteurs, qui paient une fortune pour avoir le droit de caresser leur carapace (s'imaginant sans doute leur procurer ainsi un peu de réconfort), je repense à tous les endroits du monde où nous nous sommes vus proposer des attractions fondées sur le contact avec la nature. Nager avec les dauphins, nourrir les raies, observer les gorilles, les guépards ou les girafes, voire dresser les belugas, l'homme occidental recherche désormais l'illusion qu'il existe quelque part une nature bienveillante et préservée prête à l'accueillir, lui et lui seul. Les Anglo-Saxons sanctifient depuis longtemps la *wilderness*, la nature sauvage. Toute la mythologie construite par les westerns hollywoodiens traditionnels consistait à mettre en scène de gentils cow-boys dans d'immenses espaces vides, aux prises avec des Indiens sanguinaires et destructeurs, alors que la réalité historique était exactement l'inverse. Aujourd'hui, le mouvement de réhabilitation des peuples premiers est tellement bien amorcé qu'il tombe dans l'excès inverse : sanctifier des sagesses ancestrales idéalisées face à des sociétés industrielles présentées comme forcément irresponsables et aveugles. Ce qui permet à certaines ONG occidentales de stigmatiser les processus de modernisation en cours dans bien des pays dits « en voie de développement », en opposant à l'industrialisation l'harmonie supposée d'un monde perdu. Comme si le destin des peuples non occidentaux était de se maintenir « immobile dans les choses passées », comme l'écrivait déjà à la fin du XIXe siècle Pierre Loti à propos du Maroc, dont il déplorait la transformation sous l'emprise européenne.

Dans tous les cas, le discours est toujours construit par les Occidentaux, qui continuent, toujours et partout, à vouloir façonner le monde selon leurs propres représentations et leurs intérêts, ne supportant pas que l'avenir leur échappe. Le touriste constitue sans en être conscient le fer de lance de cette appropriation. Parce qu'il apporte des moyens financiers, ce qui justifie qu'on reconstruise pour lui des univers idéalisés, où l'homme et la nature communient dans la même harmonie.

Au Canada et en Islande, les excursions à la découverte des baleines ont permis à bien des pêcheurs de se reconvertir dans une activité écologiquement correcte. Le petit village de Tofino, sur l'île de Vancouver, est devenu en quelques années un haut lieu touristique. Hôtels, restaurants, artisanat, toute la population est tournée vers le tourisme. Pourtant, le village, isolé, difficile à atteindre, ne présente strictement aucun intérêt... Mais justement, c'est cet éloignement des centres de la civilisation moderne qui lui a permis de se spécialiser dans les activités de nature. Son avantage comparatif, pour reprendre la terminologie du libéralisme, est précisément qu'il offre aux touristes du « dépaysement », un contact « authentique » avec une nature préservée. On y vient pour pêcher le saumon, se baigner sur des plages glaciales, marcher en forêt. Et admirer les baleines.

Comme sur la côte Est, en Gaspésie et le long du Saint-Laurent, il faut réserver sa place longtemps à l'avance pour pouvoir partir à la rencontre des baleines. Les nombreuses compagnies qui exploitent toutes le même gisement touristique, la vision des baleines, ont aligné leurs prix (élevés) et garantissent le spectacle : si le client ne voit rien ce jour-là, il peut retenter l'expérience le lendemain. Elles savent de toute façon que les touristes ne disposent que de peu de temps et qu'il suffit du jaillissement d'un évent à l'horizon pour qu'ils aient le sentiment de vivre un moment exceptionnel. Car le touriste est par essence un être conciliant : n'est-il pas en vacances ?

Labourant la mer, les sociétés se communiquent les bons endroits par radio. La moindre baleine est cernée d'embarcations, à tel point que la réglementation est devenue draconienne : pas question de s'approcher à moins d'une certaine distance. Les mammifères marins semblent prendre la chose avec bonhomie. Les baleines à bosse que nous côtoyons se révèlent si curieuses de notre présence que le capitaine du bateau doit sans cesse remettre les gaz pour s'éloigner. Mais elles reviennent aussitôt vers notre embarcation, apparemment aussi fascinées par le spectacle des touristes que les touristes par le spectacle des baleines. Leur odeur caractéristique permet de détecter leur présence avant même de les apercevoir. Le souffle de leurs évents jaillit si proche de nous que notre principale crainte est de voir notre esquif éperonné. Mais il paraît que les baleines sont sympas. Comme les routiers, les requins et les grizzlis. *Moby Dick* n'est plus écologiquement correct. Le « développement durable », nouveau mot d'ordre du XXIe siècle, assigne à la nature une fonction bienveillante. C'est l'homme qui doit respecter les « équilibres naturels », s'incliner devant la sagesse de notre mère Gaïa, retrouver avec les animaux sauvages une harmonie perdue.

Et en effet, les jardins reconstitués des grands hôtels et des îles touristifiées, la nature protégée des parcs naturels fourmillent désormais d'animaux dits « sauvages », qui côtoient les touristes avec une sérénité parfaite. Et quand les animaux ne sont pas présents au rendez-vous, on sait comment les attirer, en distribuant de la nourriture par exemple, ou en organisant des lâchages. Ou les remplacer, donner l'illusion de leur présence : certains *lodges* kenyans, bâtis au cœur même des parcs, diffusent des chants d'oiseaux enregistrés, comme à l'aéroport de Singapour, pour recréer ce paradis perdu que le touriste est venu chercher.

À Iguaçu, l'emblème du parc est un petit mammifère appelé coati. Lorsque le premier d'entre eux s'approche nonchalamment de nous, faisant rire les enfants avec son nez de fourmilier, sa queue de raton laveur et sa démarche de singe, je pose un instant mon sac à terre pour le photographier. Il s'y engouffre alors à la vitesse de l'éclair, disparaît quelques instants dans le désordre familier à tous les sacs de femme, et ressort tout aussi vivement, un tube de crème solaire entre les dents. En une seconde, il a disparu avec son butin. Je m'étais déjà fait voler mes lunettes de soleil par des singes sacrés en Asie, mais jamais ma crème solaire par un coati. Le spectacle a énormément plu aux enfants.

Depuis qu'Elsa a vu des piranhas dans l'aquarium de la churrascaria où nous sommes allés manger (au grand désespoir d'Ariane, tout ce défilé de viandes savoureuses et variées constituant autant une insulte qu'une insupportable tentation pour une végétarienne novice), elle n'a plus qu'une obsession : en capturer un. Indifférente aux chutes, elle guette l'eau sombre. S'imagine-t-elle que je vais quitter le Brésil avec des sacs plastique pleins de ces charmantes bestioles sous ma jupe ?

Après avoir entendu prononcer le mot piranha deux cent cinquante fois (je vous jure que je n'exagère pas), je craque. Dans la première boutique de souvenirs croisée, je lui offre enfin un authentique piranha, ce qui la comble de joie. Le risque que je prends est mesuré : l'animal a été séché puis transformé en porte-clés. Partout, les autochtones ont une façon très pragmatique de considérer la nature, tant que les mouvements écologiques ne s'emparent pas du problème : au Brésil, on peut acheter à satiété des plateaux décorés d'ailes de papillons, de magnifiques morphos sous verre, et bien sûr des piranhas, qui ont subi tous les avatars de la terre. En Australie, ce sont les crapauds géants qui sont transformés en porte-monnaie, et les opossums en paillasson. Les si vulnérables hippocampes, censés porter bonheur, occupent des caisses entières de souvenirs dans toute une partie du monde. En Asie comme dans tous les quartiers chinois des grandes métropoles, les lézards volants sont vendus aplatis en éventails. Tout ce qui est susceptible de se manger, de soigner, de porter bonheur ou de développer les capacités sexuelles, est emprisonné, tué, séché, pour être vendu dans les marchés et les restaurants. Cette proximité de l'homme et de l'animal, qui ne s'embarrasse pas de précautions particulières, peut être source de dangers mal maîtrisés. L'épidémie de SRAS est née ainsi de la consommation de la civette, petit carnivore très prisé dans le sud de la Chine. Le virus Ebola, responsable de meurtrières diarrhées sanglantes, est transmis en Afrique centrale par les chauves-souris. Quant à la grippe aviaire, qui terrorise le monde développé par anticipation, elle s'est transmise en Asie par la proximité des hommes et des oiseaux.

La plupart des sociétés traditionnelles vivent ainsi en contact étroit avec des animaux vis-à-vis desquels elles ne nourrissent aucun sentimentalisme : on les mange, on les exploite, on les tue, sans que personne n'y trouve rien à redire. Parfois, la consommation est précédée d'un rituel symbolique visant à la rendre acceptable. Et puis un jour, un mouvement écologique d'origine occidentale dénonce le massacre, organise de grandes campagnes de sensibilisation et parvient ainsi à sauver *in extremis* de l'extinction la malheureuse espèce soumise à la voracité des hommes. Nés dans les années 1930, les mouvements de protection des espèces animales sont devenus aujourd'hui infiniment puissants. Ils concentrent leurs efforts sur les gros mammifères, dont la croissance démographique humaine menace le cadre de vie. Pour justifier que d'immenses espaces puissent être soustraits aux hommes, afin que les grands singes, par exemple, puissent continuer à vivre à l'état sauvage, les organisations de protection de la nature font miroiter aux autorités locales les immenses ressources à attendre du développement touristique. Les touristes attendent qu'on leur offre un monde sauvage, disent-ils. Si vous savez le leur proposer, les ressources que vous perdez en vous privant de l'exploitation économique de ces territoires désormais réservés à la faune sauvage seront largement compensées par les revenus de l'exploitation touristique.

L'écotourisme est donc porté au pinacle. Et l'expérience montre qu'il peut en effet offrir des revenus intéressants aux sociétés qui parviennent à le développer en conservant leurs modes de vie. Mais tel qu'il est pratiqué aujourd'hui, il passe trop souvent par des artifices que déplorent les populations du tiers-monde : s'ils veulent avoir le droit de rester sur leurs terres ancestrales, les Bushmen, les Masaïs, les Yanomamis, les Khoï-Khoï et bien d'autres encore sont priés de rester conformes à l'image qu'ont d'eux les touristes, ou du moins les autorités qui maîtrisent et orientent les flux touristiques et imposent aux autochtones leur façon de voir. Si les sociétés rurales ne sont pas prêtes à endosser le costume du sauvage authentique, qu'elles n'espèrent pas profiter de la manne touristique ! Elles se voient alors déniées jusqu'à l'autorisation de rester sur place. L'alternative est de vivre dans des cases sans eau et sans électricité, qu'on expose aux touristes comme s'ils avaient touché du doigt la vraie authenticité, ou bien de déguerpir des territoires qu'elles ont toujours occupés, où la terre revêt pour elles une valeur symbolique qui dépasse de beaucoup sa fonction productive. Dissimuler leur téléphone portable dans leur étui pénien, leur antenne parabolique derrière le toit de chaume, ou bien partir. La disneylandisation du monde les enferme dans une vision passéiste, qu'elles n'ont pas forcément les moyens de combattre parce qu'elles sont en position de faiblesse face aux autorités du pays (qui n'attendent que leur révolte pour la mater violemment et récupérer les territoires convoités). Et si ces sociétés acceptent, pour des raisons financières ou pour rester sur place, de se conformer aux fantasmes du monde perdu nourris par le riche touriste de passage, elles doivent accepter leur statut de sociétés « archaïques », « primitives », car c'est la condition de leur « authenticité ».

Combien de magazines de voyage vivent de l'illusion qu'il existe partout dans le monde des « réserves d'Indiens » que seuls certains privilégiés pourraient découvrir ? Comment accepter, à l'heure de l'antibiothérapie et des vaccins, d'Internet et de la technologie la plus sophistiquée, de laisser des peuples vivre dans le dénuement et la fatalité de la maladie et de la mort précoce ? Parce qu'ils collent à l'image d'un paradis terrestre que nous voudrions pouvoir recréer ? Mais qui s'intéresse à l'espérance de vie de ces populations « authentiques » ? Aux conditions dans lesquelles leurs femmes mettent au monde les enfants, les élèvent et produisent la nourriture de la famille, au prix d'un travail harassant qui les rend vieilles à quarante ans ? Que le gorille puisse continuer à vivre librement est devenu la grande priorité. Ne réintroduisons-nous pas des loups et des ours dans les Pyrénées et les Alpes, au grand dam des éleveurs qui tentent d'y vivre (et entretiennent les paysages) ? Ne fermons-nous pas des chemins utilisés depuis toujours dans les Vosges au nom de la préservation du grand tétras ? Pour ne pas enfermer ces animaux sauvages, à qui l'Occident rend désormais un véritable culte, dans des zoos considérés comme dégradants pour leur majestueuse beauté, nous préférons enfermer les hommes, voire laisser proliférer de nouveaux zoos humains, dans les grandes villes et dans les campagnes du tiers-monde. Le lémurien plutôt que le Malgache, l'éléphant plutôt que le Masaï, la préservation à tout prix des forêts tropicales, prétendus poumons de l'humanité (ce qui est totalement faux car ils émettent autant de gaz à effet de serre, méthane et oxyde de carbone, que d'oxygène), plutôt que l'épanouissement des hommes dans des campagnes aménagées qui leur permettent de vivre décemment... et contribuent bien plus à la préservation durable de la planète.

Comment en sommes-nous venus à une telle aberration ? Parce que le touriste est forcément un être stupide et borné, à qui il faut dessiner un « tout petit monde » idéal et préservé pour qu'il soit heureux ? Certainement pas ! Le touriste veut juste passer un bon moment et se détendre, si possible en se dépaysant, en se cultivant et en pratiquant des activités qu'il n'a pas l'occasion de faire dans sa vie quotidienne. Est-on pour autant obligé de lui monter des bobards sur les sociétés « primitives » ? De lui bâtir un univers totalement infantilisant, à base d'accrobranche, de canyoning, de sauts à l'élastique, d'expéditions en traîneaux tirés par des chiens ou des rennes ? et peut-être même, demain, par des êtres humains, si quelque ethnologue affidé parvient à démontrer qu'une telle activité fait partie de la culture ancestrale de telle ou telle société « primitive » ? Comment oser cultiver le mythe des peuplades authentiques baignant dans leur isolat préservé, alors qu'elles accueillent le troisième autocar de la journée, le centième du mois ?

Il ne s'agit pas de dénier leur côté ludique aux activités sportives pratiquées pendant les vacances, ou l'intérêt culturel de partir à la découverte d'autres civilisations. Il s'agit de dire que les activités sportives peuvent être pratiquées dans des espaces conçus pour elles, au lieu de transformer la planète en une sorte d'immense cour de récréation. Sans en être conscient, sans même en être complice souvent, le touriste devient l'artisan d'une disneylandisation de la planète, dont il figure l'un des protagonistes actifs et consentants. Les sociétés occidentales ont, depuis qu'elles ont conquis le monde, tendance à prendre le reste de l'humanité pour une sorte de jungle primitive qui n'attend que leur intervention bienfaitrice. Elles vivent dans le mythe de Tarzan.

Lisons les magazines de voyage, ceux de protection de la nature, regardons ces émissions à grand spectacle, qui mettent en scène de courageux explorateurs déployant des moyens techniques pharamineux pour nous permettre de découvrir ce qu'ils présentent comme des paradis perdus. Imaginons le nombre de techniciens, d'avions, d'hélicoptères, de transmissions par satellite, de matériel technique, mobilisés par ceux qui exaltent les modes de vie frugaux et le respect des écosystèmes. Écoutons les organisations environnementales qui nous exhortent à « sauver la planète » (avec et grâce à elles). Toutes mettent en scène la même vision irénique d'une nature bienveillante menacée par l'irresponsabilité de l'homme. Le touriste est sommé de changer ses pratiques, de soutenir des causes nobles, de voyager différemment. L'Occident se rêve en Tarzan. Dieu de la forêt, seigneur des singes, chef blanc de peuplades primitives, et en même temps capable d'employer les moyens technologiques les plus modernes pour parvenir à ses fins, le personnage de Tarzan, tel que l'a créé Edgar Rice Burroughs au début du XXe siècle, est devenu *le* modèle occidental de ce début de XXIe siècle.

Tout comme Tarzan est le protecteur et le seigneur de la jungle face aux trafiquants, aux déforesteurs, aux tueurs de nobles animaux, nous encensons les forêts tropicales, présentées comme des bastions de la biodiversité et de la sagesse ancestrale de l'humanité, qu'il faudrait protéger contre la folie des hommes.

Certes, la biodiversité des forêts tropicales ne peut être niée, mais doit-on pour autant sanctuariser des espaces immenses, au détriment des sociétés qui les habitent et les mettent en valeur depuis toujours ? Ne faut-il pas au contraire mettre en place des modes d'aménagement et de coopération aussi respectueux des êtres humains que d'une prétendue nature « vierge », qui n'existe plus en réalité depuis longtemps ? Nous exaltons un exotisme de pacotille, où les sous-développés ne peuvent être que de bons sauvages ou des tueurs sanguinaires. Nous nous imaginons qu'un dessein messianique nous est échu, celui de sauver la planète contre une humanité proliférante et forcément destructrice. Pourtant, partout, les êtres humains nourrissent la même aspiration : vivre mieux dans un cadre de vie qui garantisse leur sécurité et leur confort. Le désert n'est pas le nouveau bac à sable de l'imaginaire occidental, pas plus que la forêt dense ne peut être réduite à un fantasme de retour à la nature. Quant aux émissions qui mettent en scène de modernes Robinsons livrés à eux-mêmes dans leur île déserte, il ne faut jamais oublier qu'elles supposent, pour exister, des armadas de techniciens et d'animateurs, logés à proximité dans des hôtels de luxe, la surveillance constante de médecins et de juristes, des caméras et des micros installés dans les moindres recoins, voire tenus à bout de bras sous le nez de nos candidats à la survie par des observateurs attentifs.

Construire le mythe de la forêt vierge, de l'île déserte, du désert originel pour le vendre sur des catalogues tirés en quadrichromie à des milliers d'exemplaires suppose une société industrielle parfaitement organisée et performante. Des entreprises capables d'acheminer sur le théâtre de leurs fantasmes des individus qui ne veulent surtout pas courir le moindre danger. Le touriste moderne, formaté par le mythe du retour aux sources, « explore » des lieux configurés selon son désir d'appropriation d'un monde vierge de sa présence ! Jouer les Tarzan suppose des moyens importants que seule la société mondialisée et technicienne est apte à fournir. Il faut être très riche pour pouvoir s'offrir un univers idéal où, libéré de toutes contingences matérielles, nous pouvons retourner à l'état de nature.

Comme Tarzan, l'homme moderne est à la fois vierge et viril. Il refuse le libertinage et la corruption des mœurs, exalte le retour à la morale et à une vie simple, au plus près de la nature. Nous exaltons la santé du corps, mais un corps soustrait à l'avilissement de plaisirs forcément coupables. L'accrobranche toujours. Mais aussi le message évangélique, qui rend l'être humain coupable de ses attitudes déviantes, de ses maladies honteuses, de sa misère qu'il n'a pas su combattre. À charge pour lui de racheter ses fautes par la prière, le labeur et la morale. La prostitution, le travail des enfants, les trafics illicites, expédients de ceux qui n'ont souvent pas d'autre choix pour trouver une place dans la mondialisation, révulse ce monde occidental qui recherche désormais la pureté des mœurs et des corps. La disneylandisation gagne aussi les consciences.

Postface
Tourisme responsable et disneylandisation

« L'homme des villes polluées rêvait de l'Éden et de l'innocence retrouvés et la Polynésie était à la veille d'un boom touristique prodigieux. Malheureusement, les séjours de plus de cinq jours tout compris au paradis terrestre posaient aux agences de voyage de véritables casse-tête. L'île ne tenait pas les promesses de son mythe dans le monde (...). La concurrence de Hawaï devenait de plus en plus puissante et, depuis quelque temps, faisait peser sur Tahiti une menace nouvelle : il était en effet question de créer là-bas un Disneyland polynésien avec tout le passé de l'Océanie, "ses tikis, ses temples, ses rites mystérieux" fidèlement reconstitués. Il y avait cependant une chose que Hawaï ne pouvait voler à Tahiti : le mythe de Gauguin et la publicité extraordinaire que celui-ci faisait gratuitement au "paradis terrestre". »

Romain Gary, *La Tête coupable* (Gallimard, 1968).

« Everybody needs beauty as well as bread, places to play in and pray in, where nature may heal and give strength to body and soul alike. »

John Muir, *The Yosemite*, 1912.

Géographie opérationnelle et ludique à partir de l'anecdote d'un tour du monde de quarante jours en famille, raconté sur le mode de récit, *La Planète disneylandisée* met en scène une réalité : la mondialisation universelle du tourisme et la façon dont il transforme les lieux.

Si la forme de ce livre a pu surprendre, de nombreux enseignants en ont tiré parti pour initier leurs élèves à une géographie dynamique, attractive, qui ne se résumait pas à une accumulation fastidieuse de données chiffrées et de concepts abscons. Le procédé du récit offrait un mode de compréhension du monde, une boîte à outils de la mondialisation géographique, facile d'accès.

En ce sens, *la Planète disneylandisée* a joué pleinement son rôle d'introduction à la géographie, non pour les nuls, mais pour ceux qui n'avaient appris qu'à la détester. Une façon de mettre en valeur une discipline trop souvent incomprise, et qui sert autant aujourd'hui à faire la guerre – jamais la compétition politique et économique pour l'accès aux ressources stratégiques n'a été aussi âpre, alors que se multiplie le nombre de pays aspirant à jouer un rôle de leadership régional, voire mondial – qu'à permettre l'instauration d'une paix partagée : à l'heure du développement durable, la géographie est partout, qu'il s'agisse des stratégies d'adaptation des territoires face aux enjeux de la densification démographique et du changement climatique, des accords de coopération régionale autour de la gestion des grands fleuves... ou de la mise en tourisme en monde, moteur de développement des territoires.

La meilleure nouvelle pour l'humanité

« Tant qu'il y aura du tourisme, il y aura de l'espoir... » Le titre de la pleine page publiée dans *le Monde* du 14 mars 2012 à l'initiative du réseau des organisations départementales touristiques résume bien les enjeux du tourisme. Pour la France, première destination mondiale avec 85 millions de visiteurs, il est le premier contributeur à l'économie nationale avec près de 7 % du PIB et 11 % des salariés. À l'échelle mondiale, le phénomène est identique : le tourisme assure 12 % du PIB mondial, presque autant en termes d'emplois. Avec une croissance de 15 % par an, la mise en tourisme du monde est un processus exponentiel : un milliard de touristes internationaux sillonne désormais la planète chaque année.

Le tourisme est ainsi la meilleure chose qui soit arrivée à l'humanité. Il suppose en effet du temps libre, des revenus, de la mobilité. Un des grands géographes du tourisme, Rémy Knafou[1], définit le tourisme comme une *mondialisation pacifique*. Une découverte du monde uniquement destinée à l'envie de connaître d'autres lieux et d'autres usages

1. Afin de faciliter la lecture et de ne pas tomber dans les pièges fastidieux de l'article académique, toutes les références bibliographiques figurent à la fin de cette postface.

du monde, dans un but récréatif, hédoniste, qui ne vise ni à la conquête, ni à la possession. Depuis le « grand Tour » des jeunes aristocrates anglais du XVIIIe siècle, partant à la découverte de l'Europe méridionale dans un véritable voyage initiatique de plusieurs mois – une pratique qui a donné naissance au mot tourisme –, le tourisme s'est généralisé et s'est démocratisé. Occidental et plutôt aisé dans les années cinquante – les *backpackers* et les routards étaient encore marginaux –, le touriste est devenu monsieur tout le monde et son nombre augmente chaque année : le milliard de touristes officiel de 2012 ne désigne que le nombre de visiteurs internationaux, comptabilisés aux frontières, sans prendre en compte les déplacements internes. Tous ceux qui se sont rendus aux chutes d'Iguaçu en Amérique du sud ou sur les plages bondées de la mer de Chine le savent : le tourisme des nationaux a explosé. Au milliard de touristes approximativement enregistré par les statistiques, il convient probablement d'ajouter un autre milliard, interne, cette fois.

Cette explosion du tourisme correspond à un phénomène nouveau, qui est en train de changer durablement le monde : *la montée des classes moyennes* issues des pays émergents. 400 millions de Chinois sont sortis de la pauvreté depuis le début des années 2000 et avec 300 millions de personnes, la classe moyenne indienne équivaut à peu près à la classe moyenne africaine. La Corée du Sud, Le Brésil, le Mexique, l'Argentine, la Turquie... et bien d'autres encore sont en train de devenir des pays de classes moyennes, même si l'ampleur des disparités internes reste élevée. Ex-pays du tiers-monde, devenus pays émergents, émergés et même convergents, ils sécrètent une population dont les aspirations sont désormais identiques à celles de leurs homologues des vieux pays développés.

L'élévation du niveau de vie et la hausse du pouvoir d'achat qu'elle entraîne suscitent en effet un phénomène nouveau : *l'apparition du temps libre.* Dans les sociétés traditionnelles faiblement spécialisées et à valeur ajoutée limitée, l'essentiel du temps se passe à pourvoir aux besoins essentiels. Parce qu'il permet la maîtrise de son destin et dégage du temps et des revenus, le développement produit une nouvelle culture de découvertes et de loisirs. Le touriste, c'est celui qui a du temps libre, celui qui a envie d'aller voir ailleurs. Celui qui peut mettre en œuvre *une mobilité choisie.* On voyage désormais par plaisir, par *envie du monde*, comme le résume l'anthropologue Jean-Didier Urbain.

La massification du tourisme, devenu par les infrastructures et les moyens qu'il suppose la première industrie mondiale, a profondément changé la face de la terre. Démarré dans les années cinquante avec l'avènement des congés payés, la démocratisation du transport aérien et l'apparition progressive d'une classe mondiale de salariés et de retraités actifs, l'essor exponentiel du tourisme s'apparente, pour les géographes de l'équipe MIT, à une véritable *révolution.*

Pendant longtemps, seules les élites avaient la possibilité de voyager. Elles inventaient de nouveaux lieux, quitte à les fuir lorsque le commun des mortels commençait à s'y intéresser, ouvrant de nouvelles destinations. Cette *avant-garde touristique* existe toujours. Ceux qui la composent se qualifient de « voyageurs », haïssant le mot touriste qui les renvoie au lot commun. Leur quête : l'ultime territoire encore inviolé. Mais cette démarche a pour conséquence, précisément, de rompre l'isolement recherché. Il en découle un progressif *désenclavement* du monde : la fin de la Guerre froide et la pacification progressive de l'Afrique ont ouvert la quasi-totalité des pays à la mise en tourisme. Cuba avant-hier, Croatie ou Mongolie hier, Laos ou Mozambique aujourd'hui, mais aussi les pôles, où l'on se précipite avant que fonde définitivement la glace, accélérant ainsi sa destruction, la mode met successivement au premier plan des territoires perçus initialement comme inaccessibles ou « différents », jusqu'à ce qu'ils soient absorbés par la bulle de l'industrie touristique et aménagés en conséquence. La mise en tourisme du monde s'étend désormais non seulement à la totalité de l'œcoumène, et gagne même des territoires qui ne lui appartenaient pas jusque-là. Régions polaires, déserts absolus... même les abysses et l'espace sont désormais inclus dans l'inépuisable quête touristique !

La première caractéristique de la mondialisation est donc de créer un espace mondial dont les habitants sont de plus en plus nomades. Alors qu'ils n'étaient que 25 millions en 1950, essentiellement occidentaux et aisés, les touristes internationaux sont selon l'OMT (Organisation mondiale du tourisme) un milliard aujourd'hui, probablement plus de deux en 2020. Voilà pourquoi poser la question de la responsabilité touristique est primordial.

Un moteur de développement... durable ?

La Planète disneylandisée met en scène la force de l'industrie touristique aujourd'hui. La seule façon en effet de parvenir à boucler en quarante jours le tour du monde idéal dont nous rêvions, avec des vols et des hébergements dûment réservés, fut de faire appel à un voyagiste compétent et expérimenté. Pour nous, ce fut *Voyageurs du monde*, mais il existe désormais de nombreuses agences spécialisées dans une pratique devenue plus courante que par le passé. Rares sont ceux en effet qui peuvent aujourd'hui se permettre de partir à l'aventure, sans contrainte de temps, prêts à accepter tous les aléas d'un déplacement improvisé. Nicolas Bouvier serait aujourd'hui un routard rentier, et *L'Usage du monde*, le récit de ses mésaventures. Un tour du monde d'une durée inférieure de moitié à celui de Phileas Fogg suppose un calendrier à respecter au jour près, sous peine de compromettre toute la suite du voyage. Le genre de défi que l'industrie touristique, qui suscite pourtant nombre de préjugés négatifs, a appris à relever : sans l'appui d'une organisation professionnelle et solide, comment espérer visiter cinq continents en six semaines, en alternant les activités les plus variées et sans exposer nos enfants à des risques inconsidérés, maladie, insécurité, voire simplement journées perdues, faute de correspondance adéquate entre deux escales ?

Mais à ce stade, il faut déjà se justifier. Parler d'industrie touristique, de délais serrés, d'avions nombreux, c'est encourir les reproches de tous ceux qui ne voient dans le tourisme que nuisances : le touriste serait celui qui saccage les lieux, exhibe avec indécence son niveau de vie au cœur de la pauvreté, promène sa bêtise et son ignorance au cœur du sacré. Les préoccupations du développement durable y ont ajouté le crime suprême : par ses déplacements aériens qui aggravent l'effet de serre, le touriste détruirait la planète.

Les chartes d'éthique du tourisme – la première a été adoptée en 1999 par l'OMT et votée par les Nations Unies en 2001, mais les voyagistes qui se veulent responsables se sont dotés de textes beaucoup plus exigeants quant à la responsabilité touristique – dressent ainsi un catalogue des multiples fautes que le tourisme doit s'engager à ne pas commettre. D'emblée, le voilà prévenu : en touristant, il pèche. Et s'il veut persister à fauter, le voilà sommé d'adopter un certain nombre de pratiques vertueuses, allant de la compensation carbone de son voyage à la vénération des populations locales, de leur culture et de leurs usages.

Les protagonistes des grandes conférences internationales dédiées au développement durable, qui se multiplient d'un bout à l'autre du globe (toujours dans des lieux agréables, comme Rio, Cancun ou Bali) insistent beaucoup sur cette responsabilité du touriste, qui lui impose un devoir de réparation. Certains voyagistes prélèvent d'office une taxe carbone sur le prix des prestations vendues, finançant ainsi des organismes partenaires spécialisés dans le blanchiment des mauvaises consciences par la plantation d'arbres ou l'entretien de zones vertes. Il faudrait un autre livre pour s'interroger sur l'impact réel de ces actions sur le climat et sur la finalité de telles structures, d'autant qu'il existe déjà une taxe sur les billets d'avion instaurée par la France dans le cadre d'Unitaid, destinée à financer des programmes de vaccination dans les pays pauvres. Mais le tourisme contribuant globalement à 5 % des émissions de gaz à effet de serre, toutes les démarches visant à en diminuer réellement l'impact environnemental méritent d'être initiées, même s'il est probable que les avions de demain voleront vert, car telle est la marche du progrès technique.

Voilà donc le touriste appelé à réparer la mauvaise action qui consiste à voyager pour le plaisir... Pourtant, cette grande et légitime préoccupation mondiale qu'est le développement durable ne se limite pas à la préservation de l'environnement : créer de la richesse et la répartir au mieux en sont les deux autres volets essentiels. Or, et ce livre le montre, le tourisme sauve les cultures et les lieux. Sans le regard touristique, les Aborigènes australiens n'auraient pas recouvré leurs territoires et leur dignité, la grande Barrière de corail aurait été dynamitée, le Costa Rica ne serait pas devenu la « Suisse » de l'Amérique centrale... Parmi les cinquante pays les plus pauvres de la planète, les quatre cinquièmes doivent l'essentiel de leurs ressources au flux touristique. Sont-ils détruits par cette « invasion » – dont ils déplorent généralement qu'elle ne soit pas plus conséquente – ou bien est-ce elle qui les sauve de l'anéantissement ? Il suffit d'observer combien le classement d'un lieu en zone rouge est vécu comme une catastrophe par les autorités du pays concerné pour avoir la réponse : instantanément, leurs populations perdent une grande partie de leurs revenus, tout comme les voyagistes qui les desservent. Le nord du Mali ou du Sri Lanka, la Mauritanie, l'Égypte ou le Yémen subissent ainsi la double peine de troubles politiques et de la désaffection touristique qu'ils entraînent. Après le tsunami de décembre 2004, les régions touchées exhortaient les touristes à revenir, tandis que certains stigmatisaient au contraire ceux qui allaient « bronzer parmi les morts ».

Alors ? Qu'est-ce qu'un tourisme responsable ? En transposant à ce secteur les principes du développement durable, on peut le définir comme un tourisme qui enrichit les territoires tout en les préservant sur le plan des paysages et du patrimoine, permet à ceux qui y habitent d'améliorer leurs conditions de vie en redistribuant équitablement sa manne, apporte au touriste une expérience de qualité en toute sécurité, tout en garantissant au voyagiste comme à l'ensemble des prestataires du séjour touristique une rémunération de nature à assurer la durabilité de leur travail. S'il existe de nombreuses chartes et d'organismes qui rivalisent dans la définition des normes d'un tourisme responsable, avec une prolifération de dénominations concurrentes (solidaire, équitable, social...), c'est que l'attribution de labels et de certifications touristiques est un des grands enjeux d'un secteur essentiel sur le plan économique.

Une industrie mondiale

Pour transporter, loger, nourrir et distraire des centaines de millions de personnes en leur évitant les lieux dangereux ou désagréables, l'industrie du tourisme, première industrie mondiale, se doit en permanence d'innover et de s'adapter à une demande non seulement en croissance mais évolutive : comme un beau vêtement, un bon circuit touristique est une véritable création, qui demande une compétence poussée.

Décrivant un monde pavé d'une succession d'enclaves conçues comme autant de parcs d'attractions, *La Planète disneylandisée* montre ainsi la convergence entre le savoir-faire d'une industrie, le désir du touriste, et la demande de développement et de désenclavement des territoires. Les geysers jaillissent à heures fixes, les îles à cocotiers doivent coller à leur fonction de carte postale, la nature « sauvage » est peuplée d'animaux bienveillants et contrôlés, les villes s'agrémentent de quartiers-vitrines, où les rues deviennent des musées à ciel ouvert. Partout la civilisation industrielle organise des espaces de récréation, destinées à garantir à ceux qui veulent se distraire une expérience de qualité.

Les attentes des touristes du monde entier sont simples : savourer en toute sécurité un temps libre utilisé pour le repos, le plaisir et la découverte. Du vert, du zen, de l'authenticité, résumait un sondage effectué auprès des membres du réseau « Bienvenue à la ferme ». Mais beaucoup veulent aussi sortir des sentiers battus, se donner le frisson de l'aventure et de la découverte d'un monde inviolé. Comment résoudre le paradoxe de ces millions de personnes qui veulent se sentir « différentes » ? Les tours opérateurs multiplient les offres adaptées à ce nouvel état d'esprit, qui réserve le circuit organisé aux touristes les plus novices ou à ceux qui privilégient la sécurité d'un encadrement garanti. Leurs catalogues fourmillent désormais de voyages « à la carte », d'expéditions « originales », de découvertes « authentiques », de nature « sauvage ». Pas d'hôtels standardisés, mais des « *lodges* », des campements, voire le logement « chez l'habitant ». Les touristes occidentaux veulent parcourir la planète en jouant les aventuriers. Ils veulent avoir le sentiment de découvrir des « peuplades authentiques » et des « civilisations préservées », à condition toutefois que leur confort, leur sécurité et leur dépaysement ne soient pas compromis.

Répondre à des demandes si contradictoires demande beaucoup de savoir-faire et de professionnalisme. Il faut coller au plus près aux attentes de millions de touristes, tout en donnant à chacun l'impression, d'abord qu'il est unique, ensuite qu'il est tout, sauf un touriste. Il faut le distraire tout en allégeant sa mauvaise conscience, lui donner le sentiment qu'en se faisant plaisir, il contribue au développement local et à la sauvegarde de la planète. Le voyage « différent » est porté aux nues, tandis que le tourisme « de masse », celui des grandes stations balnéaires et des déplacements collectifs balisés, suscite de plus en plus la réprobation d'un Occident formaté de longue date à la pratique du déplacement - les nouveaux touristes des pays émergents sont pour l'instant plus conciliants.

En réalité, toutes les formes de tourisme sont aussi fabriquées, aussi merchandisées, car la massification du tourisme demande une très grande logistique, d'énormes capitaux et une « gouvernance » – puisque le mot est désormais à la mode – d'envergure. Assurer l'accessibilité des lieux tout en garantissant la sécurité des visiteurs ne suffit pas : la qualité de l'expérience vécue sur place est primordiale. Le touriste mobilisant son épargne et s'imposant un coût, en termes de temps passé comme de contraintes matérielles, il faut que le lieu visité présente une valeur ajoutée forte : l'agrément de ses vacances doit dépasser et faire oublier les contraintes du déplacement.

Cette équation est la condition essentielle de la pérennisation du territoire touristique. On ne revient pas dans un lieu où on s'est senti en danger, où on a été maltraité, où ce qu'on a vu ou vécu ne méritait pas les inconvénients du transport et l'argent investi. Attiré par les prix et le côté désuet (donc « authentique ») du pays – socialisme en costume et vieilles voitures -, on va en vacances à Cuba, mais on n'y revient peu. Enjeu stratégique pour le pays, le tourisme y a été confié aux militaires, comme en Birmanie ou en Algérie. La logistique est certes au rendez-vous, le supplément d'âme... moins. Même constat pour les Antilles françaises, dont une population vindicative a tendance à traiter le touriste en colon qui s'ignore.

Comment susciter l'envie des lieux ? Comment entretenir le flux touristique ? La mondialisation et l'urbanisation aboutissent à une *uniformisation des territoires touristiques*, renforcée par l'omniprésence de marques mondiales, la standardisation des chaînes hôtelières, des transports, les procédures liées au voyage et à la sécurité. La démocratisation du tourisme suppose que tout le monde puisse avoir accès au lieu proposé, qu'il soit un site naturel ou un patrimoine culturel, ce qui suppose l'installation d'ascenseurs et de rampes d'accès, de toilettes et de commodités diverses.

La disneylandisation, clé de l'attractivité des lieux

Face à cette apparente contradiction, la disneylandisation des territoires est ce qui démocratise le merveilleux en le mettant à la portée de tous. L'invention touristique la plus marquante du siècle précédent est la création en Amérique du Nord des parcs à thèmes. C'est à Anaheim près de Los Angeles que la société Disney crée en 1955 son premier « Magic Kingdom ». Le succès du parc est tel qu'elle invente en 1971 une ville entière dédiée au divertissement, en Floride, à proximité d'Orlando. Non seulement les parcs Disney y sont en perpétuelle évolution, comme le montre l'ouverture récente d'un parc Harry Potter, mais ils attirent d'autres parcs. La bulle touristique est telle qu'elle engendre une agglomération hôtelière de taille mondiale et des liaisons aériennes spécifiques : on vient passer des vacances non en Floride, mais à Orlando, quitte à ne même pas se rendre à Miami ou dans les Everglades. À quoi bon, puisque tout se trouve dans les parcs, tous les animaux du monde, toutes les richesses du patrimoine mondial, les jeux les plus divertissants, à portée de main, plus beaux encore que la réalité ? Une des attractions phares de Disneyland Paris est « un tout petit monde », un circuit en bateau au milieu d'automates chantants, qui accueille chaque année autant de visiteurs que la Tour Eiffel. Elle vous transporte en musique sur tous les continents et dans toutes les civilisations du monde, tels que les stéréotypes les figurent : les Mexicains ont leurs sombrero et leurs cactus, les Tahitiennes dansent le tamouré vêtues de jupes en raphia, les Japonaises sont en kimono comme des geishas. Et bien sûr, Paris offre le Moulin rouge et les danseuses du Crazy Horse… en les aseptisant toutefois, attraction familiale oblige ! Le monde parfait de Disney synthétise ainsi en langage universel toutes les civilisations et tous les paysages dans des archétypes. Là réside la clé de la disneylandisation. Ce n'est pas un hasard si cette invention d'un univers idéalisé est née précisément dans un pays neuf, là où la « défaite de l'archive », le « triomphe du kitsch » aboutissent à « révérer le faux comme si c'était du vrai, à préférer dans un musée des artefacts à des vestiges », comme l'écrit Bernard-Henri Lévy à propos du « musée de la ferme » qu'il visite à Cooperstown.

Le succès des parcs est tel que depuis son ouverture en 1992, Disneyland Paris a attiré presque autant de visiteurs que la tour Eiffel depuis 1889 : plus de 250 millions ! Chaque année, près de 16 millions de personnes s'y rendent, dont deux tiers d'étrangers, surtout britanniques, néerlandais et allemands. Une fréquentation double de celle de la tour Eiffel (7 millions), et qui dépasse largement celle du Louvre (9 millions) ou de Notre-Dame (13 millions) ! Non seulement les dépenses cumulées des visiteurs s'élèvent à environ 40 milliards d'euros, mais la création du parc a suscité une agglomération de 29 000 habitants autour de Marne-la-Vallée et engendré 55 000 emplois, rentabilisant les investissements réalisés par les pouvoirs publics pour l'accueillir, avec notamment une gare dédiée. Même si les revenus du parc repartent vers la maison mère, le tourisme fournit plus de 5 milliards d'impôts et de taxes sur place.

Avec ce que les géographes qualifient de « tourisme hors sol », l'exotisme est à portée de main, dans des lieux choisis non pas pour leur intérêt propre, mais pour leur accessibilité maximale, la proximité d'aéroports et de grandes villes qui permettent l'existence de réseaux de transport et d'un marché de consommateurs. C'est de Orlando qu'en janvier 2012, le Président Obama déclare qu'il veut faire des États-Unis la première destination touristique mondiale. Et évincer ainsi la France, qui, bien que cinq fois moins peuplée, a reçu 77 millions de visiteurs en 2010, 85 en 2011, loin devant les États-Unis, pourtant au deuxième rang mondial avec 60 millions. 7,5 millions d'emplois aux États-Unis dépendent du tourisme.

Dans les bulles touristiques que sont les parcs à thèmes, la fiction d'un univers merveilleux est soigneusement mise en scène. Et les visiteurs non seulement y viennent mais y reviennent. Pour le géographe Rachid Amirou, qui transpose au tourisme la métaphore de l'objet transitionnel chère au pédiatre et psychanalyste anglais Winnicott, elles « attestent de la nécessité d'une insularité artificielle, d'une coupure spatio-temporelle comme condition préalable à un dépaysement fictif ou réel ». Center park ou Disneyland mettent à portée de tous l'illusion de l'insularité, « la possibilité d'une île » selon la formule de Michel Houellebecq, répondant à cette nostalgie du paradis perdu qu'éprouveraient les touristes, comme l'enfant éprouve la nostalgie de la symbiose avec sa mère.

Alors que nulle part ailleurs que dans les parcs à thèmes, la fonction marchande du divertissement n'est plus encadrée, plus exploitée, dans une logique purement capitaliste de la rentabilité maximale, elle n'exclut pas pour autant ce qu'Anne-Marie Eyssartel définit comme une véritable « éthique » : le projet culturel des parcs consiste à accueillir, distraire, instruire, et instaurer avec les visiteurs, pour la durée de leur présence, une relation professionnelle d'un service qui se veut de qualité. Seules des firmes mondiales et des marchés géants peuvent porter la construction à grands frais de ces enclaves de tourisme industriel : l'Amérique du Nord (États-Unis et Canada) en possède plus de mille, suivie de l'Asie orientale (Japon, Chine et Corée du Sud), deuxième aire mondiale, puis de l'Europe. Mais le Moyen-Orient, Doha, Dubaï et Abou Dhabi en tête, ne cache pas son ambition de devenir le nouvel « *hub* » touristique du divertissement mondial.

Le Magic Kingdom délocalisé

La formule fait donc recette, mais elle suppose donc la proximité d'un marché de consommation, des transports adéquats, des moyens colossaux et un professionnalisme achevé. Commet, sans parc à thème, procurer au touriste de l'authenticité dûment estampillée et de l'insolite sécurisé, comment donner l'illusion à des foules de plus en plus abondantes qu'elles retrouvent des paradis perdus ? L'industrie touristique a élaboré avec brio une réponse magistrale : sortir le parc à thèmes de son enclave pour renverser la donne, et faire du territoire un parc à thèmes grandeur nature. C'est ainsi que la disneylandisation des sites, des civilisations et des paysages est devenue un phénomène universel.

En cinquante ans, la perspective s'est inversée : alors que le parc à thèmes offrait au visiteur, sur une superficie réduite, une juxtaposition d'univers reconstruits pour donner l'illusion du réel, la force de l'industrie touristique est désormais, dans un prodigieux changement d'échelle, d'offrir au touriste une succession de lieux emblématiques où tout est conçu pour donner l'illusion de l'authenticité, une authenticité recréée en fonction de stéréotypes mondiaux.

Comment disneylandiser un lieu ? En mettant en scène les singularités locales, exacerbées de façon à les rendre uniques et inoubliables. Les particularités architecturales sont réhabilitées, voire reconstruites « en mieux », de façon à créer l'illusion de l'authenticité. Grande muraille et vieux quartiers chinois (*hutongs*) reconstituées en Chine, moulures et couleurs pastel des églises baroques à Salvador de Bahia... Une fois que l'on a saisi le principe, identifier la disneylandisation des sites peut se répéter à l'infini au fur et à mesure que le tourisme s'invente de nouveaux lieux, que consacre l'inscription sur la liste (exponentielle) des sites du Patrimoine mondial de l'Unesco, créée en 1972.

C'est ce processus que met en scène la *Planète disneylandisée.* Les beautés naturelles deviennent de somptueux décors, que l'on peut admirer depuis des promontoires conçus pour les magnifier : balcons et passerelles ouverts sur les cascades géantes d'Iguaçu, mais aussi de Niagara ou de Victoria Falls, parkings « soleil levant » et « soleil couchant » à Uluru... Peu à peu, dans le monde entier, l'industrie touristique reconstitue de la même façon, dans des périmètres bien délimités, de petits mondes parfaits, conçus pour coller exactement à notre attente : nous rêvons d'animaux sauvages mais gentils, de forêts vierges mais aménagées, de peuples primitifs mais accueillants, la disneylandisation du monde consiste à nous les offrir, en mettant en scène un prétendu paradis perdu, qui n'est que l'exacte matérialisation de nos fantasmes. Les stations de ski prennent l'apparence des prétendus chalets montagnards d'antan ; les grands hôtels bâtissent des bungalows sur pilotis directement sur le lagon, ou des maisons dans les arbres ; les centres-villes bannissent les voitures pour laisser place à d'adorables quartiers piétonniers pavés, avec enseignes à l'ancienne et bacs à fleurs. La disneylandisation consiste à transformer le monde en décor. Parfois le décor prend tellement de place qu'il oublie même qu'il est censé reconstituer une réalité : un mois dans l'année, on peut ainsi profiter d'une « plage » à Paris. La force du lieu touristique est telle qu'il peut ainsi être créé sans plus aucun support territorial.

La disneylandisation n'est pas une invention récente : Louis II a disneylandisé la Bavière, avec ses châteaux de contes de fée, construits parfois sur les ruines d'authentiques châteaux médiévaux (Neuschwanstein), et ses exigences quant à l'aspect fleuri et soigné des villages, au point que le géographe Jean-Michel Dewailly emploie le terme de « bavarianisation » pour désigner ce que j'appelle la disneylandisation. De même, les stations d'altitude érigées par la colonisation britannique dans l'Himalaya indien, mais aussi au Kenya ou à l'île Maurice, disneylandisent le modèle du palace érigé à Brighton par les nobles de l'époque géorgienne, sur le modèle de ceux de Bath ou de la cour royale anglaise. Et la Côte d'Azur, inventée dans les années trente, lorsque le soleil, le farniente et le bronzage au bord de la mer évincent la mode de la plage froide et tumultueuse aux vertus thérapeutiques, a engendré de nombreux avatars, tels la « riviera maya » mexicaine, avec ses ruines (Tulum, Chichen Itza...) ou le disneyland polynésien, à Tahiti et à Hawaï.

Quant aux espaces naturels, bien avant l'obsession actuelle de la *conservation*, qui est devenue aujourd'hui l'un des piliers essentiels du développement durable, suscitant la multiplication des parcs et des zones protégées, le premier spectacle de la nature à préserver est la forêt de la Fontainebleau, en partie classée en 1853, vingt ans avant que le parc de Yellowstone inaugure l'institutionnalisation de la *wilderness*, la nature sauvage, exaltée par Ralf Waldo Emerson, John Muir, ou Henry David Thoreau.

Si la disneylandisation a donc connu des précédents, la mondialisation du tourisme engendre son *universalisation*. Elle n'est plus réservée à quelques lieux emblématiques et soigneusement clos. Comme le souligne Marc Augé, alors que la fiction se voulait jusque-là la reproduction la plus fidèle d'un réel imaginaire, fondement des parcs à thèmes, c'est le réel qui imite désormais la fiction. Partout se multiplient des univers « authentiques », apparemment préservés, en réalité soigneusement reconstitués. Tous les lieux sont susceptibles d'être ainsi formatés : les champs de bataille deviennent lieux de mémoires et d'identification nationale, en Écosse ou en Normandie avec les plages du débarquement ; les mémoriaux des génocides, à Kigali, Pnom Penh ou Auschwitz, des produits d'appel autant pour lutter contre la pauvreté locale que pour se prémunir du risque de répétition d'un passé tragique. Même les friches industrielles acquièrent désormais une valeur patrimoniale.

L'industrie du tourisme imprime sa marque sur les lieux les plus divers, modèle même les territoires les plus banaux pour leur conférer une identité spécifique, transformant la planète en une succession de parcs à thèmes grâce à la mise en œuvre de singularités locales destinées à justifier le déplacement. Les centres-villes se muent en musées à ciel ouvert, les forêts, les déserts et la campagne en « paradis perdus », lieux de récréation (re-création) pour le touriste en mal de dépaysement, tandis que les îles tropicales organisent une solitude à grand confort, pour que des clients fortunés puissent y jouer les Robinsons en toute sécurité, dupliquant à l'infini le mythe du modèle polynésien. La disneylandisation résout l'apparente incompatibilité entre démocratisation du tourisme et *wilderness* en domestiquant discrètement ceux des gorilles du Rwanda ou des poissons de la grande barrière de corail que l'on veut rendre accessibles à ceux qui ont les moyens de s'offrir le frisson de l'aventure tarifée.

Des lieux touristiques rendus uniques

Faut-il le déplorer ? Nullement. Partout, ce qui est au rendez-vous, c'est la *garantie d'une émotion*, même si elle est formatée. En conférant aux territoires des marqueurs culturels forts, on les rend uniques, aussi nombreux soient-ils. Organiser leur mise en scène demande un véritable talent : il faut les promouvoir par une communication planétaire, démultipliée grâce à Internet, mettre en place une découverte organisée par une déambulation giratoire, destinée à canaliser sans heurts le flot continu des visiteurs pour l'acheminer vers la sortie à travers le goulet de la boutique de produits dérivés, madeleines de Proust d'une visite que les objets achetés sur place rendront inoubliable, quand bien même ils sont fabriqués dans les zones industrielles chinoises.

Le monde se scinde ainsi entre deux catégories de territoires : ceux où les touristes peuvent et aiment se rendre, et ceux qui leur sont proscrits. Parfois ces deux types de territoires coexistent en taches de léopards au sein du même espace, parfois au contraire ils sont très éloignés les uns des autres. Les territoires proscrits sont considérés comme répulsifs. Ils peuvent être dangereux ou insalubres. Rien n'y est mis en œuvre pour accueillir les touristes. Au contraire, ils y risquent leur vie. La géographie des lieux proscrits est mouvante et évolutive, parce qu'elle dépend des tensions géopolitiques. Dresser un mur étanche entre les lieux touristiques et les autres serait une erreur. Il arrive fréquemment que des lieux interdits se transforment, lorsque la paix revient, en lieux touristiques, où l'on peut dormir dans de bons hôtels, bronzer tranquillement sur des plages de rêve, multiplier les excursions pour découvrir des paysages sublimes et des monuments chargés d'histoire. Ou à l'inverse, que des lieux touristiques se ferment soudain au tourisme pour cause de guerre, de troubles politiques ou de catastrophe. Pour les territoires désormais interdits, la désertion touristique est un drame : les hôtels ferment, les habitants partent faute de travail, ou sombrent dans des activités illicites.

L'usage veut qu'on considère avec mépris le touriste et qu'on admire le volontaire humanitaire. Être qualifié de touriste est une injure. Le touriste, c'est toujours celui qu'on croise au cours de ses déplacements à soi, qui bien sûr ne sont jamais touristiques. Un être forcément moutonnier et imbécile, dont il est convenu, entre gens bien, de moquer le ridicule. Pourtant les non-touristes professionnels sont au moins aussi moutonniers et stéréotypés que ces touristes dont ils se gaussent : la géographie du non-tourisme a elle aussi ses modes, ses engouements successifs, ses points de focalisation temporaires. Tout comme il existe des lieux touristiques « à la mode », il existe des lieux humanitaires où il « faut » être. C'est la médiatisation des crises qui en détermine la géographie. Les ONG déferlent ainsi au cœur des sinistres médiatisés le temps d'intéresser les journalistes et les donateurs : en 1991, c'était Diyarbakir en Turquie, parce que l'exode des Kurdes fuyant les bombardements de Saddam Hussein était bloqué dans les montagnes aux frontières de la Turquie ; en 1992, Phnom Penh, dans un Cambodge pacifié après les accords de Paris, Sarajevo, dévastée par les *snipers*, ou encore Mogadiscio, où s'affrontaient les seigneurs de la guerre ; en 1994, Goma, aux frontières du Rwanda, ravagée par le choléra après le génocide ; en 1998, l'Amérique centrale, nouvel épicentre de la solidarité internationale à la suite de l'ouragan Mitch ; en 1999, Pristina au Kosovo et Dili à Timor, quand la diplomatie internationale inventa les protectorats humanitaires. Et puis Khartoum, Kaboul, Monrovia, Freetown, Bagdad, Banda Aceh, Port au Prince... Chacune de ces villes est devenue tour à tour un « humanitaire-*land* », avec les quartiers des ONG et leurs belles villas, les restaurants et les bars fréquentés par les expatriés, l'explosion des emplois offerts aux locaux dans le secteur de l'aide, devenu premier secteur d'emploi... Un processus si bien documenté que Canal plus l'a tourné en dérision en 2011 dans une série télévisée à succès, *Kaboul Kitchen.*

Lorsque l'engouement caritatif retombe, lorsque la communauté internationale cesse de financer l'aide d'urgence ou la reconstruction, les ONG partent. Leur désertion entraîne toujours un véritable marasme économique... sauf si les touristes prennent le relais. Aujourd'hui, les visiteurs se pressent à nouveau sur les plages de Croatie ou dans les temples d'Angkor au Cambodge, sauvés du pillage et de la destruction par l'inscription touristique. Très vite revenus en Thaïlande et au Sri Lanka, dévastés par le tsunami, les touristes y côtoient les humanitaires, restés sur place pour assurer, disent-ils, la « reconstruction » et le « développement ». Les seconds sont forcément là pour de bonnes raisons, les premiers, pour de mauvaises, tout le monde le sait. Ou le croit. Les uns sauveraient les populations, les seconds les exploiteraient. Et il est bien connu que le touriste ne connaît rien à la réalité locale. Même s'il a passé beaucoup de temps à se documenter avant d'entreprendre son voyage.

Opposer touristes et non-touristes est une erreur. La réalité est plus contrastée. Les territoires du tourisme et de l'humanitaire se superposent souvent. Seule varie l'intention affichée. Mais les sommes injectées et les conséquences sur l'économie locale sont similaires. Les touristes, en repartant, créent parfois des organisations humanitaires, parce que la pauvreté qu'ils ont vue leur donne envie de s'impliquer, tandis que les bons samaritains de l'humanitaire, comme les militaires et les marchands, s'octroient fréquemment au cours de leurs missions des « *breaks* » touristiques, jugés indispensables en raison de la dureté de leur travail. Comme ces touristes qu'ils conspuent, ils se retrouvent alors en groupe, en profitent pour peaufiner leur bronzage ou leur technique du ski nautique, marchandent férocement les objets artisanaux et nouent des contacts étroits, entre eux ou avec les autochtones. Ils y ajoutent fréquemment la consommation massive de boissons alcoolisées, de substances illicites et de prostituées locales, choses que le touriste évite en général, surtout s'il voyage en famille.

La disneylandisation est d'abord une démocratisation et une reconnaissance

La marge qui sépare le non-touriste du touriste n'a donc que l'épaisseur du papier à cigarette. Elle dépend des circonstances, des opportunités et des lieux. Tout l'art du déplacement consiste désormais à se comporter comme un touriste sans accepter son identité de touriste. Ou à faire croire au touriste qu'il est en réalité un aventurier, explorant un territoire proscrit ou secourant charitablement des populations oubliées. Ainsi la frontière entre tourisme et humanitaire s'estompe-t-elle : certaines ONG ne proposent-elles pas aux vacanciers de profiter de leurs congés pour faire de l'humanitaire, tandis que d'autres se spécialisent dans un tourisme dit « équitable » ou « solidaire », censé concilier l'éthique et le divertissement ? Où s'arrête l'humanitaire et où commence le tourisme ?

Développement durable oblige, la plupart des touristes veulent voyager « intelligent ». Les conceptions du voyage, les attentes changent. En même temps qu'il se veut solidaire, le tourisme devient « sans frontières ». La mondialisation libérale dessine une nouvelle carte du monde, où même les îlots de résistance au capitalisme, tels la Corée du Nord ou la Birmanie veulent attirer les touristes pourvoyeurs de devises. Les dictatures fermées leur font simplement payer très cher leur envie de « dépaysement », au point de s'apparenter parfois à de l'extorsion de fonds. Elles traient leurs touristes et les parquent comme des vaches laitières, les isolent et les surveillent. Aux Maldives où les touristes sont cantonnés à des îles qui leur sont exclusivement réservées, le pays peut renverser son président et mener une quasi-guerre civile sans perturber l'industrie touristique, dont vit l'économie nationale.

Certains espaces sont défendus du commun des mortels par des autorisations spéciales, un enclavement soigneusement entretenu, quand bien même il signifie des conditions de vie difficiles pour les autochtones. Partant de l'exemple du haut Atlas central, longtemps resté à l'écart de la colonisation française et du pouvoir royal, et qui attire désormais des milliers de visiteurs à la recherche de cette « authenticité » préservée - qui n'est souvent que l'autre nom du sous-développement, le géographe David Goeury qualifie ainsi ces nouveaux lieux touristiques encore enclavés d'« *espaces du mérite* ». À la fois laboratoires de recherche, où l'ethnologue s'imagine confronté à des mondes préservés de la modernité, terrains de sport extrêmes (escalade, canyoning, trekking, accrobranche...), dont les utilisateurs, jouant les modernes Tarzan, jouissent d'être confrontés à la nature sauvage et sans pitié, mais aussi lieux d'épanchement de la charité et de la solidarité mondiale, avec la prolifération de petites ONG nées initialement d'un séjour touristique, qui peuvent y déployer pleinement leur compassion tout en s'offrant de beaux voyages, les « espaces du mérite » bénéficient selon Goeury d'une « surreprésentation » dans l'espace mondialisé, comparée à leur poids démographique et économique réel, car ils sont investis d'une fonction mythique, celle de paradis perdu. Mais il les désigne aussi comme les espaces de la maladie et de la mort pour les autochtones : mort lente pour cause de maladies non soignées, mort subite en raison de l'éloignement des services de secours. Ce sont des territoires de mortalité infantile record et d'espérance de vie faible, non pour le voyageur, dûment doté des équipements *ad hoc*, balises Argos, sérum antivenimeux et autres téléphones satellites, mais pour ceux qui y résident et rêvent de fuir. David Goeury souligne combien les trekkeurs déplorent le désenclavement progressif du Zanskar, au nord de l'Inde, parce qu'il met la modernité à portée de populations jusque-là « préservées » (préservées surtout du confort et de la santé) et rend la région, jusque-là réservée à une élite, accessible au tourisme de masse.

À rebours de cette vision élitiste, la disneylandisation est d'abord et avant tout une *démocratisation* : contre les stratégies de sélection des lieux, qui les rend inaccessibles au commun des mortels, la disneylandisation met le merveilleux à portée de tous. C'est aussi un moteur de reconnaissance et de développement, car l'intérêt du touriste valorise les cultures, souligne les points forts des territoires. C'est le regard de l'étranger qui rend beau le paysage familier que l'on finissait par ne plus voir. C'est lui qui justifie la sauvegarde de bâtiments ou de sites qu'on aurait détruits ou dénaturés sans souci. Là où l'avant-garde touristique, jouant sur l'ignorance et la pauvreté des locaux, pille sans vergogne leurs objets de culte et leurs outils traditionnels, la disneylandisation les porte au pinacle et leur restitue leur valeur. Festivals et manifestations, destinés à drainer les touristes, renaissent et constituent les points d'orgue de la célébration identitaire, les abcès de fixation d'une fréquentation qu'il s'agit d'entretenir et de stimuler. Et ils donnent aux autochtones la possibilité d'occuper la première place dans le spectacle de leur culture.

La disneylandisation, c'est *ce qui permet et justifie le désenclavement.* Quand un territoire est mis en tourisme, sa fréquentation et le pouvoir d'achat des visiteurs rendent rentables la construction de routes et d'hébergement, l'adduction en eau potable, la création de services multiples, qui offrent des opportunités de revenus aux autochtones et leur évitent de devoir s'exiler. Sans le regard touristique, une culture, voire une civilisation aurait été balayée par le nivellement de la mondialisation.

La disneylandisation participe ainsi à l'entretien, si ce n'est à la production des singularités locales : la culture des Aborigènes et des Maoris s'en trouve valorisée. En Mongolie, le renouveau du chamanisme, longtemps interdit par le système soviétique, a été stimulé par la mise en tourisme récente de ce pays. Avec un paradoxe : alors que le chamanisme tel qu'il a réémergé au début des années quatre-vingt-dix était surtout urbain et moderne, les touristes eux veulent du chamanisme « authentique », à la campagne dans la yourte ou le tipi, ce qui incite certains chamanes à se folkloriser volontairement pour percevoir la manne financière du tourisme.

Alors que dans tous les pays « neufs » de culture anglo-saxonne, l'arrivée des Européens s'est traduite par le quasi-génocide, volontaire (massacre, travail forcé) et involontaire (épidémies), des *natives*, ces peuples indigènes refoulés dans les territoires de l'intérieur marqués par l'aridité (alors qu'ils étaient jusqu'à l'arrivée des Européens, largement présents sur les côtes), alors que les colons ont nié leurs civilisations, considéré les territoires qu'ils utilisaient comme *terra nullius* (terres sans maîtres), occultant l'usage et les formes de propriété collective, c'est l'avènement de la mondialisation qui, en changeant le regard porté sur ces civilisations, permet à ces dernières de se réaffirmer, dans un double mouvement d'exaltation des particularismes locaux et de réaffirmation des identités culturelles. Depuis le des années 1990, le droit des Aborigènes, des Maoris ou des Bushmen à retrouver leurs terres ancestrales est enfin reconnu. Le tourisme avait déjà sauvé à la fin du XIXe siècle les Sioux Lakotas qui, en jouant dans le spectacle *Wild West* de Buffalo Bill, avaient pu sauvegarder leurs traditions et échapper à la bureaucratie, qui voulait les parquer dans des réserves et éradiquer leur indianité.

Un processus parfois ambigu

Accessibilité et équipement des territoires, démocratisation touristique, mise en valeur de la culture locale, la disneylandisation est un bienfait, mais un bienfait qui présente des risques. Rançon du succès, la fréquentation du lieu s'accroît, jusqu'à être perçue comme destructrice. Jean-Pierre Lozato-Giotart stigmatise ainsi le « tourisme Attila » qui bétonne les côtes, épuise les réserves d'eau potable, entraîne une pollution massive par les gaz d'échappement et l'accumulation des déchets, inonde les plus beaux sites ou monuments de marchands du temple. Pour certains, le monde transformé en un gigantesque parc d'attraction devient vulgaire. Qu'il s'agisse de Notre Dame, promise à la destruction à la Révolution française et aujourd'hui objet du défilé ininterrompu des visiteurs, de Venise devenue à la fois ville musée et ville supermarché, ou des stations touristiques du Languedoc, l'avant-garde touristique, celle qui a le moyen de séjourner dans des espaces difficiles d'accès, déplore les « troupeaux » de touristes, les « hordes » de visiteurs, bruyants parce qu'ils s'amusent, l'« authenticité » initiale devenue folklore. Partout le touriste voudrait être seul. L'élitisme est la chose la mieux partagée du monde, puisque le touriste, c'est forcément l'autre. Disposer de plus d'argent et de temps que la moyenne conduit à des mécanismes de distinction sociale : choisir des lieux moins accessibles, donc plus coûteux, en jouant sur ses réseaux d'appartenance, scientifiques, aristocratiques, financiers.

Eviction des autochtones, chassés par la flambée du foncier, populations locales réduites au rôle de figurants exotiques ou à des emplois sous qualifiés, privatisation du patrimoine aux mains d'élites soucieuses de se l'approprier, les risques de la disneylandisation existent, en Afrique particulièrement. *La Planète disneylandisée* les souligne dans le chapitre Tarzan ou Robinson : tout comme les employés de Disney qui, une fois endossé leur costume, souvent lourd et étouffant, ont l'interdiction absolue de prononcer la moindre parole pour se fondre complètement dans leur personnage, les indigènes des parcs naturels doivent jouer les bons sauvages, sous peine de devoir quitter le territoire où ils vivent.

La disneylandisation de l'Afrique est aujourd'hui d'autant plus en marche que la majorité des pays africains entendent faire du tourisme une de leurs premières sources de devises. Avec 20 millions de visiteurs seulement, le continent attire moins de 3 % du total mondial des touristes et perçoit moins de 2 % des revenus mondiaux de ce secteur d'activité. Premiers responsables : l'insécurité politique et sanitaire (réelle ou perçue), mais aussi le manque d'infrastructures adéquates et l'absence de culture touristique - le touriste étant encore perçu dans bien des pays africains comme un coffre-fort sur pattes.

Des superficies croissantes sont affectées à des parcs naturels au nom de la préservation de la biodiversité, et notamment la protection des « 5 grands » (éléphant, buffle, rhinocéros, lion, léopard). Au Gabon, 13 parcs nationaux ont été créés depuis 2004 car le président Omar Bongo voulait faire de son pays la nouvelle « Mecque de la nature ». Cette « diplomatie verte », dénoncée par le géographe Estienne Rodary, aboutit à soustraire un nombre croissant de territoires aux sociétés paysannes qui y vivaient jusqu'à présent : un tiers de la superficie de la Zambie et de la Tanzanie est déjà couvert par des parcs nationaux et des réserves de chasse, un quart du territoire ougandais. De plus en plus, à l'image du gigantesque Kruger en Afrique du Sud, créé dès le XIXe siècle, certains littoraux et une grande partie des parcs sont bordés de barbelés impitoyables, dont la fonction est plus d'empêcher les hommes de pénétrer dans ces sanctuaires de la vie sauvage (dans lesquels ils cultivaient et chassaient jusque-là) que les animaux d'en sortir. L'apartheid touristique du tourisme de réserve ou d'enclave est justifié à la fois pour des raisons de sécurité mais aussi pour entretenir le mythe de l'éden, réservé à de riches Occidentaux mais interdit aux Africains.

Cette politique de conservation légitimée par le tourisme s'accompagne d'un profond mépris envers les populations locales, qui sont soit purement et simplement évincées des parcs et des aires protégées (et entassées sur des espaces qui ne sont pas viables), soit autorisées à rester sur place à condition de rester fidèles à leurs « traditions ancestrales ». C'est-à-dire de se conformer aux stéréotypes que l'imaginaire occidental nourrit du bon sauvage, tournant volontairement le dos à la modernisation et au développement, privé d'eau potable, d'électricité et de services divers – dont il n'aurait nul besoin puisqu'il est « plus heureux comme ça ». Ainsi au Botswana, le parc national du Kalahari (53 000 km^2) a été transformé en parc national dédié à la faune sauvage au début des années quatre-vingt-dix, ce qui a entraîné l'éviction de tous les bushmen, chassés de force de leurs villages, avec la fermeture des puits, des écoles, des dispensaires. Une action en justice les a autorisés à revenir... dans des lieux désormais privés de toute infrastructure. La majorité des groupes sociaux africains est exclue de la gestion des parcs naturels au profit d'une politique de conservation, justifiée à la fois par les nécessités de la protection de l'environnement et les ressources apportées par le tourisme.

Au Kenya, les villages masaïs « typiques » sont reconstruits pour les besoins du tourisme. Les géographes Estienne Rodary et Wanjohi Kibicho, l'ethnologue Xavier Péron dénoncent leur spoliation et leur marginalisation. 1 % seulement des recettes touristiques globales leur sont attribuées, alors qu'ils doivent supporter l'appropriation et la destruction de leurs territoires de chasse et de nomadisme. Et encore, l'ancienneté du tourisme chez les Masaïs a-t-elle contribué à développer chez eux des tactiques très élaborées d'appropriation de la manne touristique, qui les conduit à faire payer très cher leur « authenticité », leur artisanat et les photos en tenue traditionnelle. Mais d'autres groupes se révèlent plus vulnérables car moins expérimentés. Ainsi les Hazabés de Tanzanie, que les compagnies de safari affectionnent car ils sont « moins chers » que les Masaïs et peuvent être présentés aux touristes par les guides comme de quasi sous-hommes, vivant encore à l'âge de pierre.

Face au coût croissant des safaris animaux (prix d'entrée dans les parcs notamment), qui sont, qui plus est, concurrencés par la multiplication des reportages animaliers, la tendance est désormais à promouvoir les « safaris humains » chez les peuplades « primitives ». *L'invention du sauvage*, titre d'une exposition présentée en 2012 au musée du quai Branly, n'est pas nouvelle. Mais c'est la survie sociale et économique même de bien des civilisations autochtones qui se voit compromise, puisqu'elles sont désormais, par un singulier renversement de priorités, interdites non seulement de chasse, comme les Masaïs au Kenya ou les Bushmen dans le delta de l'Okavango, mais aussi de feux de brousse, voire de déplacements... Tandis que les animaux sauvages, eux migrent en toute liberté et, en l'absence de régulateurs, prolifèrent, avec des effets pervers inattendus tels que leur concentration autour des points d'eau, dont ils épuisent les pâturages, la disparition des feux de brousse entraîne la multiplication des taillis épineux qui les prive de nourriture. Au Kenya, où la chasse à l'éléphant est interdite depuis 1977, la prolifération des pachydermes, qui sortent des réserves, dévastent les cultures et deviennent dangereux, pose un vrai problème. Or tuer l'un d'entre eux est un crime. Dans bien des pays, les braconniers pris sur le fait sont immédiatement exécutés. Comment juger une société où la mort d'un animal entraîne la mort d'un homme ? L'exacerbation perverse d'une sensibilité *animalitaire* (selon le terme forgé par Ernest Hemingway pour stigmatiser les adversaires de la corrida) rend les pauvres indésirables, tandis que l'on mobilise moyens de transport, vétérinaires et crédits internationaux pour déplacer en douceur les éléphants et autres ours dans des Éden où l'homme, par un singulier renversement de perspective, devient un indésirable intrus.

Faire payer la nature

L'idéologie de la conservation produit des pratiques de ségrégation et de patrimonialisation de la nature qui aboutissent à mettre sous cloche des espaces qui auraient dû rester librement accessibles à tous. La disneylandisation trouve ici d'autres limites. La conservation ne cesse de s'étendre : 20 millions de km^2 sont classés aujourd'hui, contre 2 millions en 1950, et la conférence de Nagoya sur la biodiversité de 2010 projette de faire passer la superficie des espaces protégés de 13 % des surfaces terrestres à 17 % d'ici 2020. Pour être rentable, la conservation doit être rémunérée, d'une façon ou d'une autre. Les financements internationaux existent mais ils incitent souvent au gel du site, transformé en réserve intégrale. La mise en tourisme ouvre d'autres perspectives. On accède ainsi aux merveilles de la nature, les cascades, les volcans, les canyons, en acquittant un droit d'entrée justifié par un aménagement humain, qui peut être minimal ou au contraire très élaboré : pose de barrières de sécurité et de panneaux d'information, création de parkings et de sentiers. Ce qui était jusque-là librement accessible devient payant. Parce que le lieu public a été concédé à une société, donc privatisé. En échange, le visiteur exige un confort maximum (le temps écoulé entre le parking et le site doit être minimal), l'installation de toilettes, l'accessibilité aux handicapés. Les procédés mis en œuvre pour obliger les gens à payer ce qu'ils obtenaient jusque-là gratuitement sont redoutablement efficaces :

- *La menace sécuritaire* : c'est celui qui est massivement déployé en Australie. Mille morts atroces sont censées guetter celui qui s'aventure en dehors des sentiers balisés : insectes mortels, égarements fatals, insolations et déshydratations létales. Faire peur est encore le meilleur moyen de conserver des hordes de touristes obéissants à l'intérieur des limites soigneusement circonscrites de l'espace payant.
- *L'argument écologique*. Il ne faut pas s'éloigner des aménagements sous peine de porter des atteintes irrémédiables à la nature (punies en outre d'amendes au montant tellement colossal qu'il suffit à décourager même les plus audacieux). Mais comme à Green Island ou aux Maldives, les autorités,

elles, s'autorisent toutes les atteintes écologiques lorsqu'il est question de faire du business : installation d'hôtels de luxe, interventions brutales sur la faune et la flore.

- *La méthode radicale.* Elle consiste à ne plus baliser les lieux de découverte en dehors des parcs à entrée payante, de façon à donner l'illusion que seuls ces derniers offrent le spectacle de la nature « sauvage » et à empêcher matériellement les touristes de la découvrir par eux-mêmes. Méthode particulièrement efficace, surtout lorsqu'elle est, ce qui est généralement le cas, combinée avec les deux précédentes : non seulement celui qui s'aventure en dehors des sentiers battus met sa vie en danger et menace la nature, mais en plus il se perd. Les itinéraires de randonnée, voire de promenade, sont de plus en plus souvent tenus secrets par les professionnels. Et les lieux interdits d'accès pour ceux qui n'acquittent pas le péage. Ainsi le geyser de Nouvelle Zélande.

- *La scénarisation des paysages.* L'ajout d'un petit « plus » permet de justifier le droit d'entrée et la dîme exorbitante de la société concessionnaire ou du tour-opérateur. Ainsi la création de passerelles et de « points de vue ». Ou la mise en scène du soleil couchant (ou levant) sur l'Ayers Rock australien, avec coupes de champagne et promenade à dos de dromadaire.

- *La vente de prestations supplémentaires.* Acheter l'entrée du parc ne constitue que la première étape de la scénarisation de la nature. Si le visiteur veut conserver un « souvenir

inoubliable » de sa venue, il lui faut payer encore. Tout est mis en scène pour créer le besoin : photographies extraordinaires, obtenues grâce à de judicieux montages (vous dans un tonneau dans les chutes du Niagara), voire « attractions » fabuleuses proposées sur le site même : vous devant la Grande muraille de Chine sur un cheval cabré, un chameau ou dans un grand Huit (ces possibilités sont toutefois exclues des pays anglo-saxons, où la peur du procès conduit les organisateurs à réduire le risque à néant). Tout est mis en œuvre pour que la visite conduise le touriste à abandonner dans le parc beaucoup plus d'argent qu'il ne l'avait initialement prévu, voire que le simple droit d'entrée, déjà lui-même très élevé. C'est à Universal Studios de Los Angeles la possibilité d'acquérir, en plus du ticket obligatoire pour entrer au parc, un « passeport privé » qui fait office de coupe-file. Ou les multiples photographes prêts, à chaque étape de votre visite, à immortaliser votre séjour, répondant ainsi à ce désir du touriste de rapporter un souvenir tangible, le mettant en scène dans un lieu « mythique », ou lors d'une attraction particulièrement « périlleuse ».
- *Les produits dérivés.* Qui dit parc payant dit magasin de souvenirs. Cartes postales, objets artisanaux, gadgets et bibelots divers sont vendus à l'issue de la visite, dans une boutique par laquelle le visiteur doit forcément passer lorsqu'il veut trouver la sortie. La grande majorité des marchandises présentées sont aujourd'hui fabriquées en Chine,

mais par la grâce des contrats de licences, on ne peut les trouver que dans le lieu touristique concerné. Cette exclusivité garantit l'absence de concurrence et justifie des prix très largement surestimés. De même, il est toujours possible de se restaurer sur place, ce qui permet de conserver la clientèle captive, d'augmenter le temps de présence et donc la probabilité d'achat.

- *Le mensonge*. Les dépliants publicitaires n'hésitent pas à recourir aux bobards les plus éhontés pour vanter leur attraction. Ils présentent le koala dans les bras de la petite fille. Ses parents auront bien le temps de découvrir sur place qu'il est uniquement question de leur vendre une photographie de leur enfant en présence de l'animal (qui de toute façon pourrait la griffer ou la mordre si elle le portait réellement). Tout comme les publicités pour Disneyland offrent le spectacle d'un monde merveilleux, où les personnages de légende évoluent en compagnie du visiteur, alors que la réalité est celle de foules excédées par des queues interminables. Quant à passer du temps en compagnie des icônes disneyennes, Donald, Aladin, Cendrillon, Mickey ou Pluto, impossible sans acheter au prix fort un petit déjeuner ou un goûter en leur compagnie.

Or la nature doit pouvoir rester librement accessible. Mais l'une des formes perverses de la disneylandisation consiste à en chasser ceux qui l'aménagent et lui permettent de rester vivante, les paysans qui cultivent le sol et plantent les arbres utiles, les éleveurs qui ouvrent les chemins et combattent l'embroussaillement, donc l'incendie, pour les remplacer par des parcs fermés, où des légions de jardiniers reconstituent à grands frais ce que l'agriculteur faisait « naturellement », dans le cadre de son travail, produisant une biodiversité nourricière en même temps qu'un paysage riant. L'ensauvagement et la vitrification sont de mauvais calculs pour maintenir vivants des territoires qui n'attirent que parce qu'ils sont le produit d'une longue histoire humaine. Le classement par l'Unesco de l'agro-pastoralisme des Cévennes ne doit pas conduire à en chasser ceux qui en sont précisément à l'origine !

Libérer et non asservir

La disneylandisation de peuples longtemps dominés peut donc à la fois sauver... et enfermer. Masaïs, Bushmens, Dogons d'Afrique, Yanomamis, Kayapos et Guaranis d'Amérique du sud, Dayaks de Bornéo, femmes girafes karens en Asie orientale sont désormais reconnus, mais assignés dans un folklore figé à destination des touristes. Cette façon de ne tolérer l'autochtone et de le placer sur un piédestal que s'il accepte de rester à l'écart de la civilisation industrielle occidentale, « immobile dans les choses passées » comme l'écrivait déjà Pierre Loti à propos du Maghreb à la fin du siècle passé, ressemble à s'y méprendre au processus qui a conduit, partout dans le monde, à « l'exotisation » des littoraux, telle que la décrit le sociologue Jean-Didier Urbain :

– Dans un premier temps, dans des territoires perçus comme hostiles, les premières incursions sont non seulement limitées mais marquées par une vision primitiviste et exotique : les populations rencontrées sont forcément misérables, les villages toujours « modestes » ou arriérés. Flaubert déplore ainsi le nombre de mendiants sur les plages de Bretagne en 1847, comme le touriste déplore aujourd'hui d'être assailli par les quémandeurs en Inde ou au Mali. Ce qui est mis en œuvre alors, c'est le nettoyage, la « politique du vide » au XIXe siècle pour les littoraux français, à la fin du XXe siècle pour les espaces tropicaux saisis par la fièvre du conservationnisme, avec l'éviction des autochtones, surtout s'ils refusent de se conformer aux desseins aménageurs des nouveaux maîtres, aménageurs publics et privés, élites urbaines et promoteurs immobiliers agissant de concert.

– Entrent en scène alors de nouveaux modes d'usage de l'espace ainsi libéré : le baigneur sur les plages hier, l'écotouriste dans les espaces protégés d'aujourd'hui, dans une illusion pré-adamique, fondée sur le mythe du retour aux sources, de la préservation de paradis menacés.

– Est alors mis en place un modèle polynésien (dans le cas des plages), « tarzanien » (dans le cas des territoires protégés) avec ré-ensauvagement du territoire par une politique de conservationnisme draconienne.

La seule issue pour les locaux, face à cette invasion qui se veut pacifique mais présente tous les caractères d'une colonisation économique et de peuplement, est de se reconvertir au service de ceux qui arrivent, avec leur pouvoir d'achat et leurs attentes : les autochtones se muent en guides, conteurs, marchands de souvenir, organisateurs d'excursions, vendeurs de prestations touristiques, avec notamment le fameux logement « chez l'habitant », qui n'est que la première phase de l'occupation touristique, avant l'arrivée des promoteurs et la construction d'hôtels et de résidences touristiques. Parallèlement sont édifiés les premiers musées, destinés à sauvegarder une culture perçue comme menacée par la modernisation. Mais « le pêcheur au musée, ce n'est pas l'homme que l'on sauve, mais ses signes », écrit Jean-Didier Urbain.

– La mise en scène des espaces récemment conquis repose sur l'« illusion participative », dans un simulacre d'apprentissage chèrement facturé : pêcher avec les pêcheurs hier, sur les plages peu à peu conquises par le tourisme, chasser aujourd'hui avec les Bushmen ou convoyer le bétail avec les cavaliers mongols ou argentins.

L'« exotisme » tant recherché par le touriste ne peut exister sans la négation de l'épaisseur historique et culturelle des lieux, sans aussi le refus d'une modernité qui ne collerait pas à l'imaginaire touristique. Les guides du pays dogon savent ainsi que, pour avoir le sentiment d'avoir réussi son voyage (et prendre de belles photos), le touriste ne veut voir ni voiture, ni montre, ni télévision, et qu'il faut enlever tous les signes de la modernité avant d'exécuter la danse des masques.

Pour une disneylandisation responsable

La disneylandisation ne peut donc offrir une solution durable au problème de la pauvreté et de l'exclusion de certaines populations dans la mondialisation libérale que si elle s'exerce dans le cadre d'un tourisme responsable. Combien de populations pauvres sont délogées des territoires qu'elles occupent pour laisser place à des constructions touristiques réservées à une petite élite, qui paie chèrement le privilège de profiter d'un monde « préservé » ? Combien d'organismes auto labellisés affirment pratiquer un écotourisme solidaire, alors qu'elles vendent surtout des arguments marketing, orchestrés par des vendeurs plus malins que d'autres pour désamorcer la mauvaise consciente montante de ceux qui veulent voyager sans exploiter ? Il ne suffit pas de s'apposer une étiquette « tourisme responsable » comme argument de vente pour changer les pratiques. Il faut savoir comment se répartit la manne, qui contrôle le foncier, comment vivent véritablement, en coulisse, les protagonistes de l'exposition néocoloniale. Demander des comptes aux intermédiaires, qu'ils soient voyagistes ou organisateurs de spectacles, sur la façon dont est véritablement affecté l'argent du tourisme.

Refuser d'entrer dans la sanctification du lémurien ou du gorille au détriment non seulement de l'enfant, mais aussi du paysan. Refuser de payer les yeux fermés en abdiquant tout esprit critique. Refuser la marginalisation ou la folklorisation de ceux à qui l'on dénie une place dans la société moderne.

La réaffirmation culturelle est en effet distordue parce qu'elle passe d'abord par le canal du regard occidental avant d'être réappropriée par les sociétés indigènes. Le regard de l'ethnologue est aussi préjudiciable à cet égard que celui du touriste. Parce qu'il est à la fois extérieur et figeant. Ce sont les écrits de Marcel Griaule qui ont fait prendre conscience aux Dogons de leurs rites et de leurs mythes. Mais la référence à *Dieu d'eau*, d'abord considérée comme le livre fondateur, puis contestée comme produit de la ré-invention d'un Occidental, a eu pour effet d'enfermer la culture mobile et évolutive des Dogons dans un folklore suranné, figé à destination des touristes (même s'il existe désormais la case et le masque de l'ethnologue !).

Le développement d'une industrie touristique mondiale présente le risque d'une compression des cultures locales, désormais fournies prédigérées pour pouvoir être assimilées en des temps minimum, par des visiteurs certes conditionnés pour se comporter de manière à peu près respectueuse mais avant tout terriblement pressés. Tout comme les plus beaux sites naturels doivent désormais pouvoir être accessibles en quelques minutes de marche à pied depuis un parking gigantesque. Quand des danses dites « sacrées » sont reproduites à heures fixes par des danseurs professionnels, qui ôtent leurs Nike avant de revêtir leurs masques et leurs jupes en raphia pour se trémousser pendant vingt minutes dans un grand hôtel, elles ne sont plus que des spectacles. Certains s'en accommodent, considérant que la mascarade est le prix à payer pour rester libres (sans revenus, pas de possibilité de rester vivre au pays). D'autres la vivent comme une transgression obscène, manifestant par des réactions violentes et agressives un sentiment d'avilissement. Mais l'exotisme est réflexif : le touriste chinois trouve incroyablement pittoresques nos bondieuseries. Et la route 66 est devenue aux États-Unis la vitrine touristique de l'Amérique profonde. Les agences de voyage vendent sans état d'âme la matinée dans le village maori, yanomami, dogon ou aborigène, avec démonstration artisanale, danses rituelles, découverte de l'habitat et des traditions culinaires, comme elles vendent la chevalerie médiévale à Carcassonne ou à Provins. Sauf que la théâtralisation, évidente dans le second cas, devient de l'authenticité dans le premier.

Pour être responsable, le tourisme doit donc être :

– *équitable*, en ce sens que la manne qu'il apporte doit être justement répartie entre les différents acteurs de la mise en tourisme. Le *all inclusive* où rien n'est dépensé sur place, ou le marchandage féroce pour des sommes dérisoires pour le touriste, mais vitales pour l'autochtone, sont des pratiques qui ne devraient plus avoir cours.

- *durable*, c'est-à-dire conçu de façon à assurer sa pérennisation. Normes d'occupation et d'utilisation, plans d'aménagement concerté des territoires se révèlent indispensables pour conserver les qualités qui y ont attiré le tourisme. Un lieu qui ne pilote pas en permanence sa fréquentation par une gouvernance attentive (et participative, c'est-à-dire en associant les différents acteurs locaux) court le risque de perdre son attrait. Il devient alors le lieu de départ d'une diffusion autour du berceau originel, qui le réduit à n'être plus qu'un espace de transit.

- *respectueux* des us et coutumes locales... comme du touriste. Pas de sauvages à plume filmés à distance par des observateurs médusés et goguenards. Mais le respect doit être *réciproque* : lorsque les touristes sont initiés aux pratiques des locaux dans des simulacres d'apprentissage (pêcher en pirogue, dormir dans la case), qui témoignent de leur volonté de connaissance, ils ne doivent être ni maltraités ni ridiculisés : combien d'autochtones jouent de l'ignorance et de la bonne volonté des touristes pour les abuser financièrement et les tourner en dérision, voire les mettre en danger !

À cet égard, il est curieux que les chartes éthiques rédigées à l'attention des touristes soient généralement formulées de façon unilatérale, opposant le « mauvais » touriste, forcément coupable, au gentil et vulnérable autochtone. Moralisantes et prescriptives, recueils d'interdictions et de mises en garde, elles oublient l'essentiel : on n'entre pas en tourisme comme on entre en religion, mais pour se faire plaisir. Au-delà de quelques réalisations remarquables, beaucoup de structures opportunistes facturent à des prix prohibitifs le logement « chez l'habitant », l'absence de services des campements villageois, ou l'hôtel aux prestations minimales, dans une exploitation de la mauvaise conscience du touriste occidental qui permet de lui faire payer plus cher le non-confort que l'hôtel club tout compris. Et la contribution au développement du tourisme humanitaire, qui consiste à faire payer un touriste pour qu'il consacre ses vacances à un prétendu programme caritatif, réside bien plus dans les sommes qu'il apporte et les services qu'il utilise que dans les actions qu'il pense utilement mener – et qui, dans le meilleur des cas, consistent à priver en toute naïveté un autochtone du salaire qu'un tel travail aurait dû apporter. La mission caritative consiste surtout en l'espèce à rassurer le touriste culpabilisé quant à la valorisation de ses congés.

Le brave touriste, si critiqué, est en réalité dans bien des lieux la cible potentielle de tout un ensemble d'aigrefins, qui le perçoivent comme un portefeuille ambulant. Confronté à l'insécurité, à des tarifs prohibitifs, trimbalé, logé et nourri sans égard, au nom de l'authenticité locale, il lui faut bien du mérite pour accepter des conditions si éloignées du confort qu'il a quitté volontairement pour « prendre des vacances ». Une bonne agence de voyage, un tour-opérateur efficace savent éviter ces écueils. Même s'ils n'ont pas forcément la bonne étiquette.

La disneylandisation, c'est la démocratisation des territoires rendus uniques par la mise en valeur de leurs singularités locales. Mais le mythe du paradis menacé de disparition qu'il faut préserver à tout prix tout en le visitant assidûment porte en lui-même sa propre contradiction, dont il ne faut pas être dupe. Les populations locales, confrontées au problème de la pauvreté, de l'emploi, de la nécessité de se procurer un revenu, ont compris que leur seule chance de survie résidait dans leur capacité à coller à l'imagerie touristique d'un univers « améliepoulainisé », préservé des souillures de la civilisation moderne. Elles mettent donc en scène à notre intention une « tradition », prétendument conservée, voire reconstituée, qui leur permet d'accéder à cette modernité dont elles font semblant d'être préservées. Les Dogons du Mali, les Maoris de Nouvelle-Zélande ou les gardians de Camargue savent ainsi offrir à leurs visiteurs l'illusion qu'ils ont pénétré dans une enclave de l'espace-temps. Elle est la condition de leur possibilité de rester vivre au pays sans avoir à s'exiler. Le procédé n'est pas nouveau : dans *La tête coupable* (Gallimard, 1968), Romain Gary évoque déjà la recréation à Hawaï d'un « Disneyland polynésien » avec tout le passé de l'Océanie, « ses tikis, ses temples, ses rites mystérieux » fidèlement reconstitués. Mais il s'est généralisé.

Le tourisme durable étant celui qui satisfait aux besoins présents des touristes et des régions hôtes tout en protégeant et en mettant en valeur des opportunités pour le futur, un lieu touristique, comme tout écosystème, doit pour se perpétuer évoluer en permanence. La conservation pure et dure (mettre un territoire sous cloche, le réduire à une enclave touristique) est un leurre. Si un lieu existe, c'est parce que des hommes l'ont aménagé pour qu'il réponde à leurs besoins, c'est parce qu'ils y ont vécu et qu'ils veulent continuer à y vivre. Le tourisme responsable suppose donc une dynamique qui ne s'exerce pas contre ceux qui vivent sur place. Accepter son statut de touriste, bannir le stupide élitisme et savourer les facilités mises à la disposition de tous pour profiter dans les meilleures conditions de la beauté des lieux, privilégier les opérateurs qui veillent à une bonne répartition de la manne en faisant travailler le plus possible leurs partenaires locaux, refuser les pratiques coercitives qui vous enferment dans un tourisme d'enclave contre la population locale. Refuser aussi la décontextualisation du séjour touristique : on n'achète pas une plage, un séjour en montagne ou en forêt sans s'interroger sur le contexte. Quel pays, quelles pratiques, quel impact du tourisme ? Cautionner la dictature locale, ou apporter un appel d'air à des populations asphyxiées par l'isolement ? La question doit être posée.

Le touriste responsable est celui qui n'oublie jamais de réfléchir, même lorsqu'il s'amuse, et qui garde toujours présent à l'esprit que son interlocuteur sur place est exactement pareil à lui. La petite prostituée pourrait être sa fille, le serveur déférent, un neveu soucieux de gagner de quoi payer ses études. Le tourisme est une rencontre qui ne peut aboutir que si celui qui voyage refuse la cécité volontaire, la suspicion permanente, l'exploitation éhontée. La valeur des vacances ne doit pas entraîner la vacance des valeurs, comme aime à le répéter le pape de la réversion, Edgar Morin.

Roger Nifle appelle ainsi à ce qu'il qualifie un « tourisme des valeurs », fondé sur la mise en avant des valeurs culturelles d'une communauté territoriale et l'établissement de relations d'égalité : un territoire, explique-t-il, ne vaut que par l'expérience humaine qui s'y réalise. La communauté qui l'habite est appelée à s'interroger sur « ce qui fait son originalité, sa part d'humanité, la singularité de ses richesses et talents, ses valeurs propres et ainsi sa vocation culturelle ». Le tourisme des valeurs est ainsi pour lui un puissant facteur d'identification collective et un moteur de développement local essentiel. Ni paternalisme, ni angélisme : le tourisme est d'abord un rapport marchand, même s'il passe par une rencontre. Il faut laisser ses préjugés au vestiaire, mais pas sa jugeotte. Celui qui met en scène face au touriste la comédie de la disneylandisation lui offre d'abord un spectacle, destiné à susciter une émotion, des réminiscences ou le regret d'un passé révolu. Une prestation rémunérée qui doit être perçue comme telle. Un lieu disneylandisé, c'est un lieu patrimonialisé, où tout est mis en scène pour créer l'illusion d'un univers enchanteur. Magic Kingdom.

En ce début de XXIe siècle, il apparaît donc nécessaire de revenir aux fondamentaux du tourisme : permettre l'accès du plus grand nombre à des espaces aménagés dans le sens du respect des hommes (autochtones et visiteurs) où peut s'organiser un divertissement collectif et démocratique, dans l'intérêt de tous. À ce titre, la disneylandisation est un moyen, pas une fin. Et il suffit de savoir que l'arrière-petit-fils de John Muir, l'homme qui initia au XIXe siècle la conservation de la nature aux États-Unis, dirige une organisation destinée à permettre aux handicapés de pouvoir accéder (à l'aide de chevaux) à ces merveilles qu'encensait son grand-père pour comprendre à quel point l'essence même du tourisme est d'être démocratique, évolutif et partagé.

Sylvie Brunel
mai 2012

BIBLIOGRAPHIE

- R. Amirou, « Le tourisme comme objet transitionnel », *in Espaces et Sociétés*, n° 76, 1994.
- P. Arnould et E. Glon (dir.) (2006), « Wilderness, la nature en Amérique du Nord », *Annales de Géographie* n° 649, 2006.
- C. Aubertin (dir), *Représenter la nature, ONG et biodiversité*, IRD éditions, 2005.
- M. Augé, *L'impossible Voyage, le tourisme et ses images*, Rivages, 1997.
- G. Cazes, *Les nouvelles colonies de vacances, tome 2 : Tourisme et tiers-monde, un bilan controversé*, L'Harmattan, 1992.
- A. Berque, *Les raisons du paysage, de la Chine antique aux environnements de synthèse*, éditions Hazan, 1995.
- N. Bouvier, *L'usage du monde* (1963), Petite Bibliothèque Payot, Voyageurs, 2001.
- M. Boyer, *Histoire générale du tourisme*, L'Harmattan, 2005.
- P. Brunel (dir.), *Dictionnaire des mythes littéraires*, éd du Rocher, 1994.
- S. Brunel, *Le voyage à Timimoun*, Jean-Claude Lattès, 2010.
- S. Brunel, *Frontières*, Denoël, 2002.
- S. Brunel, *Géographie amoureuse du mond*e, Jean-Claude Lattès, 2011.
- B. Chatwin, *Le chant des pistes*, Le livre de poche, 1988.
- A. Corbin, *L'avènement des loisirs* (1850-1960), Flammarion, 1995.
- F. Deprest, *Enquête sur le tourisme de masse, l'écologie face au territoire*. Belin, 1997.
- M.-A. Delisle, L. Jolin (dir), *Un autre tourisme est-il possible ?* Presses de l'Université du Québec, 2007.
- J.-M. Dewailly, *Tourisme et géographie, entre pérégrinité et chaos ?*, L'Harmattan, 1990.
- A. Doquet, *Les masques dogon, ethnologie savante et ethnologie autochtone*, Karthala, 1999.
- P. Duhamel, I. Sacareau, *Le tourisme dans le monde*, Armand Colin, 1998.

- R.W. Emerson, *Nature* (1836), publié par les éditions Allia en 2011.
- A.-M. Eyssartel, B. Rochette, *Des mondes inventés, les parcs à thèmes*, éd de la Villette, 1992.
- I. Frochot, P. Legohérel, *Le marketing du tourisme*, Dunod, 2007.
- A. Gakuba A. (2005), « Le tourisme et la pauvreté au Rwanda », *in* « Espaces, patrimoines et politiques touristiques en Afrique centrale », *Enjeux* n° 25, Fondation Paul Ango Ela, Yaoundé, 2005.
- J.-C. Gay, *Les cocotiers de la France. Tourismes en Outre-mer*, Belin, 2009.
- M.-M. Damien, C. Sobry (dir), *Le tourisme industriel : le tourisme du savoir-faire ?* L'Harmattan, 2001.
- D. Goeury, *Les espaces du mérite, enclavement, tourisme et mondialisation*, Thèse de doctorat soutenue le 29 novembre 2011, Université de Paris IV-Sorbonne, 2011.
- M. Griaule, *Dieu d'eau*, Fayard, 1948.
- Guide du routard, *Tourisme responsable 2012-2013*, Hachette, 2012.
- F. Hallé (dir.), *Le radeau des cimes, l'exploration des canopées forestières*, Jean-Claude Lattès, 2000.
- J.-M. Hoerner, *Géopolitique du tourisme*, Armand Colin, 2008.
- M. Houellebecq, *La possibilité d'une île*, Grasset, 2005.
- M. Houellebecq, *La carte et le territoire*, Grasset, 2010.
- W. Kibicho, *Tourisme en pays masaï, de la destruction sociale au développement durable*, L'Harmattan, 2007.
- R. Knafou et Équipe MIT, *Tourismes 3, la révolution durable*, éditions Belin, 2011.
- R. Knafou et Équipe MIT, *Tourismes 2, moments de lieux*, Belin, 2005.
- R. Knafou et Équipe MIT, *Tourismes 1, Lieux communs*, Belin, 2002.
- A. Laurent, *Tourisme responsable, clé d'entrée du développement territorial durable*, Chronique sociale, 2009.
- O. Lazzaroti, *Habiter la condition géographique*, Belin, 2006.
- O. Lazzaroti, *Patrimoine et tourisme, Histoires, lieux, acteurs, enjeux*, Belin, 2011.

- J.-P. Lamic, (2010) *Sports d'hier durables, les pistes du possible*, éditions Yves Michel, 2010.
- J.-P. Lamic, *Tourisme durable, utopie ou réalité ?* L'Harmattan, 2008.
- R. Lanquar, *Les parcs de loisirs*, Puf, « Que Sais-Je ? », 1991.
- R. Lanquar, *L'Empire Disney*, Puf, « Que Sais-Je ? », 1997.
- B.-H. Lévy, *American Vertigo*, Grasset, 2006.
- J. Lévy, *Le tournant géographique*, Belin, 1999.
- J. Lévy, *L'invention du monde*, Presses de sciences po, 2008.
- J.-P. Lozato Giotart, *Le chemin vers l'écotourisme*, Delachaux et Niestlé, 2006.
- L. Merli, « Le renouveau du chamanisme en Mongolie post-communiste », *in Religions et Histoire* n° 5, nov-déc 2005.
- A. Mesplier, P. Bloc-Duraffour, *Le tourisme dans le monde*, Bréal, 2005.
- T. Mann, *La montagne magique* (1924), Le livre de poche, 1991.
- J. Muir, *Quinze cents kilomètres à pied à travers l'Amérique* (1867), José Corti, 2006.
- R. Nifle, L*e sens du bien commun*, Temps présent, 2011.
- P. Ory, *L'invention du bronzage*, Complexe, 2008.
- M. Proust, *A la recherche du temps perdu, du côté de chez Swann*, 1913.
- M. Pinçon et M. Pinçon-Charlot, *Les ghettos du gotha*, Le Seuil, 2007.
- J. Rieucau, J. Lageiste (dir), *L'empreinte du tourisme, contribution à l'identité du fait touristique*, L'Harmattan, 2006.
- E. Rodary et C. Castellanet, *Conservation de la nature et développement*, Gret-Karthala, 2003.
- G. Rossi, *L'ingérence écologique*, CNRS éditions, 2000.
- I. Sacareau, *Porteurs de l'Himalaya, le trekking au Népal*, Belin, 2000.
- B. Schéou, *Du tourisme durable au tourisme équitable, quelle éthique pour le tourisme de demain*, De Boeck Université, 2009.
- M. Stock (dir.), *Le Tourisme, acteurs, lieux et enjeux*, Belin, 2003.
- H.D. Thoreau, *Walden ou la vie dans les bois* (1854), Gallimard, publié en 1998.

- J.-D. Urbain, *Sur la plage*, Payot, 1994.
- J.-D. Urbain, *L'Idiot du voyage, histoires de touristes*, Plon, 1991.
- J.-D. Urbain, *L'envie du monde*, Bréal, 2011.
- P. Veltz, *Mondialisation, villes et territoires, une économie d'archipel*, Puf, 1996.
- S. Vialfont, *Tourisme équitable*, éditions Jouvence, 2008.
- J. Viard, *Penser les vacances*, Actes Sud, 1984.
- P. Violier, *Tourisme et développement local*, Belin, 2008.
- P. Violier et P. Duhamel, *Tourisme et littoral*, Belin, 2009.